Grammatik kurz & bündig
FRANZÖSISCH

für Anfänger und Fortgeschrittene,
mit Online-Übungen

von Gabriele Forst

Neubearbeitung
Stephan Buckenmaier
Isabelle Langenbach

PONS GmbH
Stuttgart

PONS
Grammatik kurz & bündig
FRANZÖSISCH

mit Online-Übungen

von Gabriele Forst

Neubearbeitung
Stephan Buckenmaier
Isabelle Langenbach

Auf der Basis von ISBN 978-3-12-561913-5.

PONS verpflichtet sich, den Zugriff auf die zu diesem Buch passenden
Online-Übungen mindestens bis Ende 2017 zu gewährleisten.
Einen Anspruch der Nutzung darüber hinaus gibt es nicht.

2. Auflage 2016

© PONS GmbH, Stöckachstraße 11, 70190 Stuttgart, 2015
www.pons.de
E-Mail: info@pons.de

Online-Übungen: Isabelle Langenbach
Logoentwurf: Erwin Poell, Heidelberg
Logoüberarbeitung: Sabine Redlin, Ludwigsburg
Titelfoto: Vlado Golub, Stuttgart
Einbandgestaltung: Anne Helbich, Stuttgart
Layout: Petra Michel, Gestaltung & Typografie, Essen
Satz: Satzkasten, Stuttgart
Druck und Bindung: Medienhaus Plump GmbH, Rheinbreitbach

ISBN: 978-3-12-562695-9

So benutzen Sie dieses Buch

Die **PONS Grammatik kurz & bündig Französisch** bietet Ihnen eine übersichtliche Darstellung der aktuellen französischen Sprache. Anhand zahlreicher französischer Beispielsätze mit deutschen Übersetzungen können Sie die Regeln der französischen Sprache auf einfache und verständliche Weise erlernen oder wiederholen.

Wenn Sie schnell und gezielt etwas nachschlagen wollen, hilft Ihnen dabei unser Leitsystem: Orientieren Sie sich an den **Kopfzeilen** mit den Kapitel- und Unterkapitelüberschriften.

Unter der Rubrik **Leicht gemerkt!** finden Sie das Wichtigste zu jedem Kapitel in diesem Buch noch einmal in Kurzform zusammengefasst. Wenn Sie sich also zu einem bestimmten Grammatikthema einen kurzen, aber gründlichen Überblick verschaffen wollen, dann können Sie sich an diesem Leicht-Merk-System orientieren!

Darüber hinaus helfen Ihnen zahlreiche **Leicht-Gemerkt!-Tipps** schwierige Regeln besser zu verstehen und sich diese leichter zu merken.

Bei der Arbeit mit diesem Buch helfen Ihnen die folgenden Symbole:

 Hier wird auf eine Regel oder Besonderheit hingewiesen, die Sie nicht übersehen sollten.

 Kleine Tipps verraten Ihnen an dieser Stelle, wie Sie sich die Regeln besser merken können.

 Hier werden Unterschiede zwischen dem Deutschen und dem Französischen aufgezeigt.

Im Anhang finden Sie außerdem umfangreiche **Erklärungen wichtiger Grammatikbegriffe** und ein ausführliches **Stichwortregister**, mit dem Sie nach bestimmten Themen gezielt suchen können. So wird die **PONS Grammatik kurz & bündig Französisch** zu Ihrem wertvollen Begleiter beim Erlernen der französischen Sprache.

Zu allen Grammatik-Themen, die in diesem Buch behandelt werden, finden Sie online unter **www.pons.de/grammatikportal** insgesamt mehr als 100 Übungen, mit denen Sie aktiv und sicher in der Sprache werden. Auf der Innenseite des vorderen Buchdeckels wird Ihnen Schritt für Schritt erklärt, wie Sie zum PONS-Grammatikportal gelangen.

Viel Spaß und Erfolg!

Inhalt

L'ARTICLE – *DER ARTIKEL*

1. Der bestimmte Artikel

Die Formen des bestimmten Artikels

	vor Konsonant	vor stummem h	vor Vokal
männliche Formen Singular Plural	le train les trains	l' hôtel les hôtels	l' arbre les arbres
weibliche Formen Singular Plural	la ville les villes	l' heure les heures	l' autoroute les autoroutes

 Im Französischen gibt es im Gegensatz zum Deutschen nur einen männlichen und weiblichen Artikel. Für den bestimmten Artikel *das* (Neutrum) gibt es im Französischen keine Entsprechung.

 Der bestimmte Artikel im Singular lautet für männliche Substantive **le,** für weibliche Substantive **la.** Vor Vokal und stummem **h** werden **le** und **la** zu **l'.**
Im Plural heißt der bestimmte Artikel für **le, la** und **l'** einfach **les.**

Da das Geschlecht der Substantive im Französischen oft anders ist als im Deutschen, ist es sinnvoll, den bestimmten Artikel im Singular bei neuen Vokabeln gleich mitzulernen, z. B.
le livre *das Buch*, **la place** *der Platz*, **la tour** *der Turm*.

Die Präpositionen *à* und *de* und der bestimmte Artikel

à			de		
Je pense	au	travail.	**Je parle**	du	travail.
	à l'	hôtel.		de l'	hôtel.
	aux	copains.		des	copains.
	à la	discothèque.		de la	discothèque.
	à l'	école.		de l'	école.
	aux	grandes villes.		des	grandes villes.

Die Präpositionen **à** und **de** verschmelzen mit den bestimmten Artikeln **le** und **les** jeweils zu einem Wort:

à + le	=	au	de + le	=	du
à + les	=	aux	de + les	=	des

LEICHT GEMERKT

Um sich die Verschmelzung der Präpositionen und bestimmten Artikeln besser zu merken, lernen Sie Beispiele auswendig:

Je parle **du** chef, de la secrétaire et **des** collègues.
Ich rede vom Chef, von der Sekretärin und von den Kollegen.

Je vais **au** cinéma, à la piscine et **aux** spectacles de danse.
Ich gehe ins Kino, ins Schwimmbad und zu Tanzveranstaltungen.

Der Gebrauch des bestimmten Artikels

Im Gegensatz zum Deutschen verwendet man den bestimmten Artikel im Französischen bei:

der Gesamtheit einer Menge:	J'aime **les** livres.	*Ich mag Bücher.*
Eigennamen:	**Les** Noblet habitent à Paris.	*(Die) Noblets wohnen in Paris.*
Titeln:	**Le** docteur Lacroix est parti en vacances.	*Doktor Lacroix ist in Urlaub gefahren.*
Körperteilen:	Géraldine a **les** yeux verts.	*Géraldine hat grüne Augen.*
Zeitangaben, die eine Regelmäßigkeit ausdrücken:	**Le** mercredi après-midi je n'ai pas cours.	*Mittwoch nachmittags habe ich keinen Unterricht.*
festen Wendungen:	J'apprends **le** français.	*Ich lerne Französisch.*

Der Gebrauch des bestimmten Artikels bei geografischen Angaben

Je connais l'Amérique.	*Ich kenne Amerika.*
J'aime le Mali.	*Ich mag Mali.*
J'aime les Etats-Unis.	*Ich mag die Vereinigten Staaten.*
Le Poitou est situé dans **le** sud-ouest de **la** France.	*Das Poitou befindet sich im Südwesten Frankreichs.*

Sie haben sicherlich bemerkt, dass der bestimmte Artikel im Französischen bei Ländernamen immer gebraucht wird. Im Deutschen wird er dagegen in der Regel nur bei weiblichen Ländernamen benutzt (z. B. *Wir fahren in **die** Schweiz.*).

Vor Kontinenten, Ländern und Provinzen wird der Artikel im Französischen verwendet. Bei weiblichen Ländernamen wird der Artikel oft nicht verwendet, wenn sie in Verbindung mit der Präposition **en, de** und **d'** stehen:

Ma famille habite en France, mais mon père vient **de** Belgique et ma mère vient **d'**Allemagne.
Meine Familie wohnt in Frankreich, aber mein Vater kommt aus Belgien und meine Mutter kommt aus Deutschland.

2. Der unbestimmte Artikel

	männlich	weiblich
Singular	**un** livre	**une** voiture
Plural	**des** livres	**des** voitures

Der unbestimmte Artikel lautet bei männlichen Substantiven im Singular **un** und bei weiblichen Substantiven **une**. Im Plural werden **un** und **une** zu **des**.

Sie wissen sicherlich schon, dass es im Deutschen keinen Plural des unbestimmten Artikels gibt. Er fällt im Deutschen einfach weg.

J'achète	**un**	**livre.**	*Ich kaufe ein Buch.*
J'achète	**des**	**livres.**	*Ich kaufe Bücher.*

3. Der Teilungsartikel

 Das Deutsche kennt den Teilungsartikel nicht! Also aufgepasst!

Die Formen des Teilungsartikels

Der Teilungsartikel besteht aus der Präposition **de** und dem bestimmten Artikel:

Jean prend son petit-déjeuner.			Jean frühstückt.	
Il prend	du	**pain,**	Er nimmt	Brot,
	de la	**confiture,**		Marmelade,
	de l'	**eau.**		Wasser.

Der Gebrauch des Teilungsartikels

1. Der Teilungsartikel wird verwendet, wenn man eine unbestimmte Menge, d.h. unzählbare Dinge, bezeichnen möchte. Er gibt einen Teil eines Ganzen an.

2. Der Teilungsartikel wird allerdings nicht verwendet, wenn eine Sorte oder Gattung als solche bezeichnet wird. In diesem Fall benutzt man den bestimmten Artikel:

Il aime le café, mais il	Er mag Kaffee, aber er
déteste le thé.	verabscheut Tee.

3. Nach **sans** und **de** steht kein Teilungsartikel:

Jean prend son pain sans beurre.	Jean isst sein Brot ohne Butter.
Jean a besoin d'argent.	Jean braucht Geld.

Sollte jedoch eine bestimmte Menge gemeint sein, dann steht bei **de** der bestimmte Artikel:

Jean a besoin de l'argent qu'il a	Jean braucht das Geld, das er
gagné.	verdient hat.

 Sans, avec und der Teilungsartikel, das ist ein Kinderspiel. Merken Sie sich einfach, dass nach **avec** der Teilungsartikel verwendet wird und nach **sans** direkt das Substantiv ohne Artikel folgt.

Jean prend son pain avec de la confiture, mais sans beurre.
Jean isst sein Brot mit Marmelade, aber ohne Butter.

4. Außerdem steht der Teilungsartikel bei einigen festen Wendungen, z. B.:

faire du **volley/**du **sport**	*Volleyball spielen/Sport treiben*
jouer du **piano**	*Klavier spielen*
avoir de la **chance**	*Glück haben*

Am besten lernen Sie den Teilungsartikel bei festen Wendungen gleich mit!

Der Teilungsartikel und die Verneinung

Jean demande:	Annick répond:
Est-ce qu'il y a encore du **pain?** *Gibt es noch Brot?*	**Non, il** n'y a plus de **pain.** *Nein, es gibt kein Brot mehr.*
Est-ce qu'il y a encore de la **confiture?** *Gibt es noch Marmelade?*	**Non, il** n'y a plus de **confiture.** *Nein, es gibt keine Marmelade mehr.*
Est-ce qu'il y a encore de l'**eau?** *Gibt es noch Wasser?*	**Non, il** n'y a plus d'**eau.** *Nein, es gibt kein Wasser mehr.*

Die Verneinung wird beim Teilungsartikel mit **ne ... pas de, ne ... plus de** usw. (▸ „Die Verneinungselemente") gebildet.

Mengenangaben mit *de*

Il faut acheter			*Man muss*
un litre	de	**vin,**	*einen Liter Wein,*
un kilo	de	**tomates,**	*ein Kilo Tomaten,*
une bouteille	d'	**eau minérale,**	*eine Flasche Mineralwasser,*

beaucoup	de	fruits,	*viele Früchte,*
un peu	de	fromage,	*ein bisschen Käse,*
assez	de	limonade.	*genügend Limonade kaufen.*

Bei Mengenangaben, die eine bestimmte Menge oder eine unbestimmte Anzahl bezeichnen, wird das nachfolgende Substantiv nur mit der Präposition **de** angeschlossen.

Stellen Sie Ihren Einkaufszettel zusammen, um die Mischung aus Teilungsartikel, Teilungsartikel mit Negation und Mengenangaben zu üben. Sie könnten so anfangen und beliebig lang weitermachen:

Il me faut du **pain.**	*Ich brauche Brot.*
Je n'ai pas besoin de **lait.**	*Ich brauche keine Milch.*
Je dois acheter un paquet de **farine,** une boîte de **haricots...**	*Ich muss ein Paket Mehl kaufen, eine Dose Bohnen ...*

Im Französischen gibt es den bestimmten, den unbestimmten und den Teilungsartikel. Die Formen der französischen Artikel können Sie sich leicht anhand der folgenden Übersicht merken:

Der bestimmte Artikel

Singular

männlich		weiblich	
le **train**	*der Zug*	la **ville**	*die Stadt*
l'**arbre**	*der Baum*	l'**usine**	*die Fabrik*

vor Vokal und stummem **h**

Plural

männlich		weiblich	
les **trains**	*die Züge*	les **villes**	*die Städte*

Gebrauch

- Gesamtheit einer Menge: **les livres**
- Eigennamen: **Les Mercier**
- Körperteile: **les yeux verts**

- Zeitangaben, die eine Regelmäßigkeit ausdrücken:
  le mercredi après-midi
- feste Wendungen

Der unbestimmte Artikel

Singular

männlich		weiblich	
un **train**	*ein Zug*	une **ville**	*eine Stadt*

Plural

männlich		weiblich	
des **trains**	*Züge*	des **villes**	*Städte*

Der Teilungsartikel

männlich		weiblich		
du **pain**	*Brot*	de la **musique**	*Musik*	
de l'**air**	*Luft*	de l'**eau**	*Wasser*	vor Vokal und stummem **h**

Mengenangaben

Mengenangaben + **de** + Substantiv

une bouteille d'**eau**   *eine Flasche Wasser*
beaucoup de **tomates**   *viele Tomaten*

Gebrauch

- nicht zählbare Dinge: **Je mange du pain.** (*Ich esse Brot.*)
- feste Redewendungen: **faire du sport** (*Sport treiben*)
- nicht mit sans und de:
  Je mange mon pain sans beurre. (*Ich esse mein Brot ohne Butter.*)
  Je ne prends pas de confiture. (*Ich nehme keine Konfitüre.*)

LE SUBSTANTIF – *DAS SUBSTANTIV*

Alle Substantive sind durch Geschlecht und Zahl (Singular oder Plural) gekennzeichnet.

1. Das Geschlecht der Substantive

Im Französischen gibt es nur männliche und weibliche Substantive. Das deutsche Neutrum existiert im Französischen nicht.
Außerdem haben deutsche Substantive im Französischen oft ein anderes Geschlecht, z. B.: **la mort** *der Tod* und **le vase** *die Vase*.

 Da man das Geschlecht der Substantive oft nur am Artikel erkennen kann, empfiehlt es sich, den Artikel und das Geschlecht immer gleich mitzulernen.

LEICHT GEMERKT

Da es im Französischen kein Neutrum gibt, wird ein deutsches Substantiv, das mit **das** begleitet wird, entweder mit **le** oder **la** im Französischen wiedergegeben:

le feu   *das Feuer*
la fête   *das Fest*

Das Geschlecht bei Lebewesen

1. Bei Personen oder Tieren gibt es in der Regel für jedes Geschlecht eine eigene Form. Für die Bildung der weiblichen Formen bestehen folgende Möglichkeiten:

männlich	▶	weiblich	männlich	▶	weiblich
un ami	▶	**une ami**e	-	▶	-e
un employé	▶	**une employ**ée	-é	▶	-ée
un acteur	▶	**une ac**trice	-teur	▶	-trice
			Ausnahme: **un chan**teur ▶ **une chan**teuse		

männlich	▶	weiblich	männlich	▶	weiblich
un vendeur	▶	**une vend**euse	-eur	▶	-euse
			Ausnahme: **un péch**eur ▶ **une péch**eresse		

Verwechseln Sie nicht **le p**é**ch**eur **/ la p**é**ch**eresse *(der Sünder/ die Sünderin)* mit dem regelmäßig abgeleiteten **le p**ê**ch**eur **/ la p**ê**ch**euse *(der Fischer/ die Fischerin)*. Merken Sie sich zum Beispiel als Eselsbrücke, dass der Fischer einen „Angelhaken" (^) auf dem **e** hat!

männlich	▶	weiblich	männlich	▶	weiblich
un boulanger **un vois**in	▶ ▶	**une boulang**ère **une vois**ine	-er -in	▶ ▶	-ère -ine
			Ausnahme: **un cop**ain ▶ **une cop**ine		
un paysan **un espi**on	▶ ▶	**une pays**anne **une espi**onne	-an -on	▶ ▶	-anne -onne
			Ausnahme: **un compag**non ▶ **une compag**ne		
un Italien **un veu**f **un tigr**e	▶ ▶ ▶	**une Itali**enne **une veu**ve **une tigr**esse	-ien -f -e	▶ ▶ ▶	-ienne -ve -esse

2. Bei einigen Substantiven kann man das Geschlecht nur am Artikel erkennen, da die männlichen und die weiblichen Formen identisch sind.

Beispiele:

un	élève	une	élève
un	enfant	une	enfant
un	journaliste	une	journaliste
un	secrétaire	une	secrétaire

Für einige Berufe gibt es nur eine männliche Berufsbezeichnung, z. B.:
un ingénieur, un médecin, un reporter, un professeur...

3. Daneben gibt es auch Personen-, Verwandtschafts- und Tierbezeichnungen, bei denen die männliche und weibliche Form aus zwei verschiedenen Substantiven bestehen.

Beispiele:

un	homme		une	femme
un	garçon		une	fille
un	frère		une	sœur
un	coq		une	poule

Das Geschlecht bei Sachen und Dingen

Das Geschlecht von Wortgruppen

Männlich sind

– Wochentage:	le lundi, le vendredi;
– Jahreszeiten:	le printemps, l'automne;
– Himmelsrichtungen:	le sud, le nord;
– Sprachen:	le portugais, l'italien;
– Bäume:	le chêne, le sapin;
– Metalle:	l'or, le platine;
– chemische Elemente:	le mercure, le soufre, l'uranium;
– Transportmittel:	le bus, le train, l'avion

Weiblich sind

– die meisten Länder:	la France, la Pologne, *aber:* le Portugal, le Danemark, le Luxembourg;
– die meisten Flüsse:	la Saône, la Moselle, *aber:* le Rhône, le Danube;
– die meisten Wissenschaften:	la géographie, la médecine, *aber:* le droit;
– Autonamen:	la BMW, la Citroën

Hier noch einmal das Geschlecht bei Sachen und Dingen in der Zusammenfassung:

- **männlich**: Wochentage, Jahreszeiten, Himmelrichtungen, Sprachen, Bäume, Metalle, chemische Elemente und Transportmittel
- **weiblich**: die meisten Länder, Flüsse, Wissenschaften sowie Autonamen (Merken Sie sich la **voiture** ▸ la **BMW**, la **Renault**)

Das Geschlecht bei bestimmten Wortendungen

Anhand von Wortendungen kann man oft das Geschlecht der Substantive bestimmen.

Substantive, die folgende Endungen aufweisen, sind meist männlich:

Endung	Beispiel	Ausnahme
-aire	le commissaire, le dictionnaire	
-an (+ Kons)	l'an, le sang	
-ent	le vent, l'argent	la dent
-ment	le développement	
-ier	le métier, le cahier	
-et	le billet, le guichet	
-in	le vin, le voisin	la fin
-ain	le pain, le bain	la main
-ail	le travail, le détail	
-al	l'hôpital, le cheval	
-isme	le tourisme, le socialisme	
-eau	le tableau, le bureau	l'eau
-oir	le devoir, le pouvoir	
-teur	le moteur, l'ordinateur	
-age	le garage, le visage	l'image, la cage, la page, la plage
-ège	le collège, le manège	

Im Deutschen sind Substantive, die auf **-age** und **-ege** enden weiblich, während sie im Französischen männlich sind, z. B. *die Garage, die Manege.*

Substantive, die folgende Endungen aufweisen, sind meist weiblich:

Endung	Beispiel	Ausnahme
-ade	la promenade, la salade	le stade
-ance	la distance, la confiance	
-ence	la différence, la concurrence	
-ée	la journée, l'employée	le musée, le lycée
-elle	la nouvelle, la chandelle	
-ère	la bouchère, la panthère	
-esse	la jeunesse, la politesse	
-ette	la baguette, la cigarette	
-euse	la vendeuse, la friteuse	
-ie	la boulangerie, la maladie	l'incendie
-ité	la nationalité, la popularité	le comité
-ine	la cuisine, la semaine	le domaine
-ion	la conversation, la télévision	l'avion, le camion, le million
-ure	la nature, la voiture	le murmure
-té	la bonté, la santé	le pâté, l'été
-tude	l'habitude, l'inquiétude	

Es wäre auch möglich, dass Ihnen Substantive begegnen, die sowohl weiblich als auch männlich sind. Passen Sie bei diesen Wörtern auf, da sich hinter dem unterschiedlichen Geschlecht ein Bedeutungsunterschied verbirgt, z. B.:

le livre	das Buch	la livre	das Pfund
le mode	die Art und Weise	la mode	die Mode
le tour	die Runde, der Rundgang	la tour	der Turm

Je voudrais un livre de Proust et une livre de poires, s'il vous plaît!
Ich hätte gerne ein Buch von Proust und ein Pfund Birnen, bitte!

LEICHT GEMERKT

Hier finden Sie die Endungen noch einmal auf einen Blick:

männliche Endungen:	weiblich Endungen:
-aire, -an, -ent, -ment, -ier, -et, -in, -ain, -ail, -al, -isme, -eau, -oir, -teur, -age, -ège	-ade, -ance, -ence, -ée, -elle, -ère, -esse, -ette, -euse, -ie, -ité, -ine, -ion, -ure, -té, -tude

2. Der Plural der Substantive

1. Im Plural erhalten die meisten Substantive einfach ein **-s**. Dieses **-s** wird aber nicht ausgesprochen.

Singular		Plural
le train	▸	les train**s**
la voiture	▸	les voiture**s**

2. Substantive, die im Singular auf **-x**, **-z** oder **-s** enden, bleiben im Plural unverändert.

Singular		Plural
le pri**x**	▸	les pri**x**
le ne**z**	▸	les ne**z**
le Françai**s**	▸	les Françai**s**

3. Bei Substantiven, die auf **-au, -eu** und **-ou** enden, wird im Plural einfach ein **-x** angehängt.
Die Substantive auf **-al** und einige Substantive auf **-ail** erhalten im Plural die Endung **-aux**.

Singular	Plural	Ausnahmen		
le gâte**au** ▸	les gâteau**x**			
le j**eu** ▸	les jeu**x**	le pneu	▸	les pneu**s**
le bij**ou** ▸	les bijou**x**	le cou	▸	les cou**s**
		le trou	▸	les trou**s**
le journ**al** ▸	les journ**aux**	le bal	▸	les bal**s**
le trav**ail** ▸	les trav**aux**	le détail	▸	les détail**s**

Hier finden Sie den Überblick über die Pluralbildung der Substantive:

<u>+</u> **-s**	les train**s**/voiture**s**
<u>+</u> **-x**	les gâteau**x**/jeu**x**/bijou**x**
-s/-x/-z ▸ **-s/-x/-z**	les Anglai**s**/pri**x**/ne**z**
-al/-ail ▸ **-aux**	les journ**aux**/trav**aux**

LEICHT GEMERKT

3. Nominativ, Genitiv, Dativ, Akkusativ

Die vier Fälle haben im Französischen im Gegensatz zum Deutschen keinen Einfluss auf die Form der Substantive.

Genitiv und Dativ werden mit Hilfe von Präpositionen ausgedrückt. Beim Genitiv verwendet man die Präposition **de**, beim Dativ die Präposition **à**:

Je veux donner la lettre de **Christine** à **ma mère.**
Ich will Christines Brief meiner Mutter geben.

Wie die Präpositionen **à** und **de** mit dem bestimmten Artikel verschmelzen, entnehmen Sie bitte dem Kapitel ▸ „Der bestimmte Artikel".

LEICHT GEMERKT

Auf Französisch bleiben die Substantive unveränderlich, auch wenn sie in unterschiedlichen Fällen verwendet werden. Hier finden Sie zwei Besipiele im Nominativ und Akkusativ:

L'homme est un mammifère.   *Der Mensch ist ein Säugetier.*
Je vois l'homme en lui.   *Ich sehe den Menschen in ihm.*

Dativ + **à** und Genitiv + **de**:

Nous devons cela aux hommes   *Wir verdanken dies den Menschen,*
qui ont vécu avant nous.   *die vor uns gelebt haben.*
Cela fait partie des Droits de *Dies gehört zu den Rechten des*
l'Homme.   *Menschen.*

Das Geschlecht der Substantive

So können Sie sich die männlichen und weiblichen Formen der Substantive im Französischen leicht merken:

1. Bei **Lebewesen** gibt es meistens für jedes Geschlecht eine eigene Form. Lernen Sie diese Substantive deshalb am besten immer gleich mit der männlichen und der weiblichen Form, z. B. un **ami**/ une **amie**, un **acteur**/ une **actrice**, un **boulanger**/ une **boulangère** usw.

2. Bei **Sachen und Dingen** ist es etwas komplizierter: Hier empfiehlt es sich, beim Lernen das jeweilige Wort immer gleich mit dem bestimmten Artikel zu lernen, z. B. le **métier**, la **voiture**, le **pain**, la **journée** usw.

3. Man kann auch bestimmte **Wortgruppen** bilden, die immer männlich bzw. weiblich sind:

Männlich sind:	Weiblich sind:
Wochentage, Jahreszeiten, Himmelsrichtungen, Sprachen, Bäume, Metalle, chemische Elemente, Transportmittel	die meisten **Länder**, die meisten **Flüsse**, die meisten **Wissenschaften, Autonamen**

4. Darüber hinaus gibt es bestimmte **Wortendungen**, die meist männlich oder weiblich sind, diese finden Sie ab ▸ „Das Geschlecht bei bestimmten Wortendungen".

Der Plural der Substantive

Merken Sie sich bei den Pluralformen im Französischen Folgendes:

1. Bei den meisten Substantiven bildet man den Plural einfach durch Anhängen von **-s** an die Singularform, z. B. **le train / les trains, la voiture / les voitures** usw.

2. Substantive, die im Singular auf **-x, -z** oder **-s** enden, bleiben im Plural unverändert, z. B. **le prix / les prix, le nez / les nez, l'Anglais / les Anglais** usw.

3. Bei Substantiven, die im Singular auf **-au, -eu** oder -ou enden, hängt man im Plural ein **-x** an, z. B. **le gâteau / les gâteaux, le jeu / les jeux, le bijou / les bijoux** usw.

4. Substantive auf **-al** und einige Substantive auf **-ail** erhalten im Plural die Endung **-aux**, z. B. **le cheval / les chevaux, le travail / les travaux** usw.

Einige Substantive sind immer im Plural und haben keine Singularform:

les gens – *die Leute*
les fiançailles – *die Verlobung*
les funérailles – *die Bestattung*

Einige haben eine unregelmäßige Pluralform, in der der Stamm sich ändert:

l'œil – *les yeux*
le ciel – *les cieux*

L'ADJECTIF – *DAS ADJEKTIV*

1. Die Stellung des Adjektivs

Das Adjektiv als Attribut

 Im Gegensatz zum Deutschen stehen die meisten Adjektive im Französischen hinter dem Substantiv.

1. Die meisten Adjektive, insbesondere mehrsilbige Adjektive stehen in der Regel hinter dem Substantiv:

un livre	intéressant	*ein interessantes Buch*
un garçon	sympathique	*ein sympathischer Junge*
une lettre	importante	*ein wichtiger Brief*
une robe	blanche	*ein weißes Kleid*
la langue	française	*die französische Sprache*

2. Kurze und häufig gebrauchte Adjektive stehen vor dem Substantiv, z. B. **grand, gros, petit, jeune, vieux, bon, mauvais, beau** und **joli**:

un	bon	livre	*ein gutes Buch*
une	jolie	fille	*ein hübsches Mädchen*
un	petit	jardin	*ein kleiner Garten*
une	grande	maison	*ein großes Haus*
une	mauvaise	note	*eine schlechte Note*
un	vieil	homme	*ein alter Mann*
une	belle	ville	*eine schöne Stadt*

3. Bei einigen Adjektiven ändert sich die Bedeutung je nachdem, ob sie vor oder hinter dem Substantiv stehen, z. B.:

un grand homme	**un homme grand**
ein großartiger Mann	*ein groß gewachsener Mann*
un pauvre homme	**un homme pauvre**
ein bedauernswerter Mann	*ein armer Mann*
la dernière minute	**l'année dernière**
die letzte Minute	*das vorige Jahr/letztes Jahr*

Das Adjektiv als Prädikat

Auch im Französischen hat man die Möglichkeit, das Adjektiv mit einem Verb zu verbinden. Meist benutzt man dabei das Verb **être**.

La maison est petite mais le jardin est grand!
Das Haus ist klein, aber der Garten ist groß!

Hier finden Sie die Stellung der Adjektive auf einem Blick:

vor dem Substantiv	hinter dem Substantiv
kurze und häufige Adjektive	mehrsilbige Adjektive und Farbadjektive
bon, petit, beau, vieux, mauvais...	intéressant, ennuyeux, sympathique, bleu...
Adjektive mit unterschiedlicher Bedeutung je nach Stellung grand/pauvre/dernier	

LEICHT GEMERKT

2. Die Formen des Adjektivs

Das Adjektiv richtet sich in Zahl und Geschlecht immer nach dem Substantiv.

Im Gegensatz zum Deutschen wird auch das prädikativ gebrauchte Adjektiv dem Substantiv angeglichen.

	männlich	weiblich
Singular	le petit jardin *der kleine Garten*	la petite maison *das kleine Haus*
	Le jardin est petit. *Der Garten ist klein.*	La maison est petite. *Das Haus ist klein.*
Plural	les petits jardins *die kleinen Gärten*	les petites maisons *die kleinen Häuser*
	Les jardins sont petits. *Die Gärten sind klein.*	Les maisons sont petites. *Die Häuser sind klein.*

Die weibliche Form des Adjektivs bildet man, indem man an die männliche Form ein **-e** anhängt, z. B.:

petit	**petite**	*klein*
grand	**grande**	*groß*

Endet die männliche Form bereits auf **-e**, so bleibt die weibliche Form unverändert, z. B.:

le **livre rouge**   *das rote Buch*   la **voiture rouge**   *das rote Auto*

Der Plural wird durch Anhängen von **-s** an die jeweilige Form des Singulars gebildet.

 Es gibt einige wenige Adjektive, die grundsätzlich nicht verändert werden, so zum Beispiel **bon marché** (*günstig*), **marron** (*braun*), **orange** und **super**:

La jupe marron est bon marché.   *Der braune Rock ist günstig.*
Et les pantalons marron, ils sont   *Und die braunen Hosen sind auch*
aussi bon marché.   *günstig.*

Die Adjektive **sympa** (*nett*) und **chic** (*schick*) werden nicht im Geschlecht, sondern nur in der Zahl angeglichen:

	männlich	weiblich
Singular	**un garçon sympa** *ein netter Junge*	**une jupe chic** *ein schicker Rock*
Plural	**des garçons sympas** *nette Jungen*	**des jupes chics** *schicke Röcke*

Sonderfälle bei den weiblichen Formen

Adjektive, die folgende Endungen haben, weisen Besonderheiten bei der Bildung der weiblichen Formen auf:

Regel		männlich	weiblich	Ausnahme
-er	▸ **-ère**	**cher**	▸ **chère**	
-et	▸ **-ète**	**complet**	▸ **complète**	**muet** ▸ **muette**
-c	▸ **-que**	**turc**	▸ **turque**	**blanc** ▸ **blanche**, **sec** ▸ **sèche**, **grec** ▸ **grecque**
-f	▸ **-ve**	**actif**	▸ **active**	

-g	▸ -gue	long	▸ longue	
-eux	▸ -euse	heureux	▸ heureuse	
-el	▸ -elle	naturel	▸ naturelle	
-il	▸ -ille	gentil	▸ gentille	
-en	▸ -enne	européen	▸ européenne	
-on	▸ -onne	bon	▸ bonne	
-os	▸ -osse	gros	▸ grosse	
-teur	-teuse	menteur	▸ menteuse	
	-trice	conservateur	▸ conservatrice	
-eur	-eure	meilleur	▸ meilleure	
	-euse	rieur	▸ rieuse	

LEICHT GEMERKT

Wenn Sie sich nicht ganz sicher sind, wie man die weibliche Form eines unregelmäßigen Adjektivs bildet, dann sehen Sie doch einmal in einem Wörterbuch nach. Die meisten Wörterbücher enthalten Hinweise auf die Bildung der weiblichen Form!

So steht es zum Beispiel:

grand, grande adj.   *klein*
frais, fraîche adj.   *frisch*

Sonderfälle bei der Pluralbildung

1. Adjektive, die auf **-al** enden, weisen Besonderheiten bei der Pluralbildung auf:

	männlich	weiblich
Singular	**un homme génial** *ein genialer Mann*	**une femme géniale** *eine geniale Frau*
Plural	**des hommes géniaux** *geniale Männer*	**des femmes géniales** *geniale Frauen*

Die meisten Adjektive auf **-al** bilden den männlichen Plural auf **-aux**.
Die weibliche Pluralfom wird allerdings ganz regelmäßig gebildet,
indem man ein **-s** an die weibliche Form im Singular anhängt.

Es gibt aber auch Adjektive, die auf **-al** enden, wie z. B. **banal, final, fatal** und **naval**, bei denen sowohl der männliche als auch der weibliche Plural durch das Hinzufügen von **-s** an die jeweilige Singularform gebildet werden:

un problème banal
ein banales Problem

des problèmes banals
banale Probleme

Lernen Sie bei jedem neuen Adjektiv auf **-al** den männlichen Plural einfach gleich mit, dann haben Sie sicherlich keine Schwierigkeiten, die Adjektive auf **-al** richtig anzuwenden!

Merken Sie sich das direkt in einem Beispiel mit Substantiv:

un texte banal,
des textes banals

ein banaler Text,
banale Texte

un problème moral,
des problèmes moraux

ein moralisches Problem,
moralische Probleme

---

2. Auch Adjektive, die auf **-eau**, **-s** oder **-x** enden, weisen Besonderheiten im Plural auf:

	männlich	weiblich
Singular	**un** beau **jour** *ein schöner Tag*	**une** belle **surprise** *eine schöne Überraschung*
	un gros **sac** *eine große Tasche*	**une** grosse **valise** *ein großer Koffer*
Plural	**des** beaux **jours** *schöne Tage*	**des** belles **surprises** *schöne Überraschungen*
	des gros **sacs** *große Taschen*	**des** grosses **valises** *große Koffer*

Männliche Singularformen auf **-eau** erhalten im Plural ein **-x**.
Adjektive, die männlich im Singular auf **-s** oder **-x** enden, bleiben im Plural unverändert.

Femininum und Plural der regelmäßigen Adjektive werden so gebildet wie Femininum und Plural der Substantive:

Mask. Sg	Fem. Sg	Mask. Pl.	Fem. Pl.
grand	grande	grands	grandes
génial	géniale	géniaux	géniales

3. Die Adjektive *beau, nouveau* und *vieux*

Die Adjektive **beau** *(schön)*, **nouveau** *(neu)* und **vieux** *(alt)* weisen einige Besonderheiten auf und werden wie folgt angeglichen:

beau	männlich	weiblich	
	Il connaît... *Er kennt ...*		
Singular	**un beau café.** *ein schönes Café.*	**une belle ville.** *eine schöne Stadt.*	vor Konsonant
	un bel hôtel. *ein schönes Hotel.*	**une belle usine.** *eine schöne Fabrik.*	vor Vokal und stummem **h**
Plural	**des beaux cafés.** *schöne Cafés.*	**des belles villes.** *schöne Städte.*	vor Konsonant
	des beaux hôtels. *schöne Hotels.*	**des belles usines.** *schöne Fabriken.*	vor Vokal und stummem **h**

nouveau

	männlich	weiblich	
	Elle a... *Sie hat ...*		
Singular	**un nouveau vélo.** *ein neues Fahrrad.*	**une nouvelle jupe.** *einen neuen Rock.*	vor Konsonant
	un nouvel hôtel. *ein neues Hotel.*	**une nouvelle idée.** *eine neue Idee.*	vor Vokal und stummem **h**
Plural	**des nouveaux vélos.** *neue Fahrräder.*	**des nouvelles jupes.** *neue Röcke.*	vor Konsonant
	des nouveaux hôtels. *neue Hotels.*	**des nouvelles idées.** *neue Ideen.*	vor Vokal und stummem **h**

vieux

	männlich	weiblich	
	Elle a ... *Sie hat ...*		
Singular	**un vieux vélo.** *ein altes Fahrrad.*	**une vieille jupe.** *einen alten Rock.*	vor Konsonant
	un vieil hôtel. *ein altes Hotel.*	**une vieille écharpe.** *einen alten Schal.*	vor Vokal und stummem **h**
Plural	**des vieux vélos.** *alte Fahrräder.*	**des vieilles jupes.** *alte Röcke.*	vor Konsonant
	des vieux hôtels. *alte Hotels.*	**des vieilles écharpes.** *alte Schals.*	vor Vokal und stummem **h**

 Beau, **nouveau** und **vieux** haben männlich im Singular je nachdem, ob das nachfolgende Substantiv mit einem Konsonanten oder einem Vokal oder stummem **h** beginnt, zwei Formen, wenn sie attributiv gebraucht werden.

beau, nouveau, vieux	vor männlichen Substantiven im Singular, die mit Konsonant beginnen
bel, nouvel, vieil	vor männlichen Substantiven im Singular, die mit Vokal oder stummem **h** beginnen

Prägen Sie sich einige Beispielsätze ein, um sich die unterschiedlichen Formen zu merken:

Tu ne vas pas mettre ton beau **et** nouveau **pantalon avec ton** vieux **pull !**	*Du wirst wohl nicht deine schöne und neue Hose zu deinem alten Pullover anziehen!*
Je passe ce bel **événement du** Nouvel **An avec mon** vieil **ami Gérard.**	*Ich verbringe dieses schöne Neujahr-Ereignis mit meinem alten Freund Gérard.*

Bei prädikativem Gebrauch ist alles viel einfacher, da hier auch männlich im Singular nur die Formen **beau, nouveau** und **vieux** zur Verfügung stehen, z. B.:

L'hôtel est beau.	*Das Hotel ist schön.*
L'ordinateur est nouveau.	*Der Computer ist neu.*
L'ordinateur est vieux.	*Der Computer ist alt.*

4. Die Steigerung der Adjektive

Die Steigerung im Französischen wird anders als im Deutschen gebildet. Aber keine Angst! Das Prinzip ist ganz einfach!

Der Positiv und der Komparativ

Marseille est	grand.			Positiv
Marseille ist groß.				
Marseille est	plus	grand	que	**Montpellier.**	Komparativ
Marseille ist größer als Montpellier.				
Marseille est	moins	grand	que	**New York.**	
Marseille ist kleiner (weniger groß) als New York.				
Marseille est	aussi	grand	que	**Lyon.**	
Marseille ist genauso groß wie Lyon.				

Der Komparativ wird gebildet, indem man **plus** (Überlegenheit), **moins** (Unterlegenheit) oder **aussi** (Gleichheit) vor das Adjektiv setzt. Das Bezugswort des Vergleichs wird mit **que** angeschlossen.

Dem französischen Komparativ der Unterlegenheit mit **moins** entspricht im Deutschen in der Regel der Komparativ des Gegensatzbegriffs zum gesteigerten Adjektiv, z. B.:

Nadine est grande, mais elle est moins grande que sa mère.	*Nadine ist groß, aber sie ist kleiner als ihre Mutter.*

Auch bei der Steigerung richtet sich das Adjektiv nach dem Substantiv, auf das es sich bezieht.

LEICHT GEMERKT

Auch hier kann man sich alle Formen mit einem Merksatz einprägen:

Je suis plus grand que mon petit frère, aussi grand que mon frère jumeau et moins grand que ma sœur aînée.	*Ich bin größer als mein kleiner Bruder, so groß wie mein Zwillingsbruder und kleiner als meine ältere Schwester.*

Der Superlativ

Singular	**Quel est le fleuve**	le	plus	long	d'	**Europe?**
		le	moins	long		
	Welches ist der längste/ der kürzeste (am wenigsten lange) Fluss Europas?					
	Quelle est la ville	la	plus	grande	du	**monde?**
		la	moins	grande		
	Welches ist die größte/ die kleinste (am wenigsten große) Stadt der Welt?					
Plural	**Quels sont les trains**	les	plus	rapides	de	**France?**
		les	moins	rapides		
	Welches sind die schnellsten/ die langsamsten (am wenigsten schnellen) Züge Frankreichs?					
	Quelles sont les montagnes	les	plus	hautes	du	**monde?**
		les	moins	hautes		
	Welches sind die höchsten/ die niedrigsten (am wenigsten hohen) Gebirge der Welt?					

Der Superlativ wird gebildet, indem man **le/la/les plus** (Überlegenheit) oder **le/la/les moins** (Unterlegenheit) vor das Adjektiv setzt.
Das Adjektiv gleicht sich auch beim Superlativ in Zahl und Geschlecht dem Substantiv an, auf das es sich bezieht. Das Bezugswort wird mit der Präposition **de** angeschlossen.

Kurze häufig gebrauchte Adjektive können auch im Superlativ vor dem Substantiv stehen. Die Bildung des Superlativs erfolgt auf die gleiche Art und Weise.

Nicolas est	**le plus jeune**	**fils**	**de**	**notre famille.**
Nicolas ist der jüngste Sohn unserer Familie.				
Marie est	**la plus petite**	**fille**	**de**	**notre famille.**
Marie ist die kleinste Tochter unserer Familie.				

Es gibt allerdings auch unregelmäßige Steigerungsformen:

bon/ bonne	**meilleur(e)**	**le/ la meilleur(e)**
gut	*besser*	*der/ die/ das beste*

mauvais(e)	**pire**	**le/ la pire**
schlecht	*schlechter*	*der/ die/ das schlechteste*

LEICHT GEMERKT

Die Formen des Adjektivs

Merken Sie sich, dass sich die Adjektive im Französischen immer in Zahl und Geschlecht nach dem dazugehörigen Substantiv richten. Für die jeweiligen Formen des Adjektivs gelten dabei die folgenden Regeln:

1. Die **weibliche Form** eines Adjektivs bildet man in der Regel durch Anhängen von **-e** an die männliche Form, z. B. **grand/ grande, petit/ petite** usw. Endet die männliche Form bereits auf **-e**, so bleibt die weibliche Form unverändert. Weitere Ausnahmen zu dieser Regel finden Sie hier ▸ „Sonderfälle bei den weiblichen Formen".

2. Die meisten Adjektive bilden den **Plural** durch Anhängen von **-s** an die Singularform, z. B. **grand/ grands, petite/ petites** usw. Es gibt jedoch auch hier einige Ausnahmen, die Sie hier ▸ „Sonderfälle bei der Pluralbildung" nachlesen können.

3. Die Adjektive **beau, nouveau** und **vieux** weisen Besonderheiten bei der weiblichen Form und der Pluralbildung auf, die wir hier ▸ „Die

Adjektive beau, nouveau und vieux" für Sie aufgelistet haben. Prägen Sie sich diese Formen also ganz besonders gut ein!

Die Steigerung der Adjektive

- Im Französischen bildet man den **Komparativ** bei den meisten Adjektiven mit **aussi ... que, plus ... que** oder **moins ... que**:

aussi **grand** (que)	*genauso groß (wie)*
plus **grand** (que)	*größer (als)*
moins **grand** (que)	*kleiner (als)*

- Den Superlativ bildet man in der Regel mit **le / la / les plus** oder **le / la / les moins**, z. B.:

le plus **grand**	*der größte*
la moins **grande**	*die kleinste*

- Die Adjektive **bon** (*gut*) und **mauvais** (*schlecht*) werden unregelmäßig gesteigert.

meilleur **que**	*besser als*
pire **que**	*schlechter als*
mon meilleur **ami**	*mein bester Freund*
mon pire **ennemi**	*mein schlimmster Feind*

- Achten Sie auch bei der Steigerung der Adjektive immer darauf, dass sich das Adjektiv in Zahl und Geschlecht nach dem dazugehörigen Substantiv richtet!

L'ADVERBE – *DAS ADVERB*

Die Adverbien dienen zur näheren Bestimmung eines Verbs, eines Adjektivs, eines anderen Adverbs oder eines ganzen Satzes.

1. Die Formen des Adverbs

Die ursprünglichen Adverbien

Adverbien, die nicht von einem Adjektiv abgeleitet werden, nennt man ursprüngliche Adverbien. Sie lassen sich nach bestimmten Gesichtspunkten ordnen:

Adverbien des Ortes:	**ici**	*hier*
	là	*dort*
Adverbien der bestimmten Zeit:	**aujourd'hui**	*heute*
	demain	*morgen*
	hier	*gestern*
	maintenant	*jetzt*
Adverbien der unbestimmten Zeit:	**après**	*nach*
	avant	*vor*
	déjà	*schon*
	encore	*noch*
	longtemps	*lange*
	souvent	*oft*
	tard	*spät*
	tôt	*früh*
	toujours	*immer*
Adverbien der Menge:	**assez**	*genug*
	beaucoup	*viel*
	moins	*weniger*
	peu	*wenig*
	plus	*mehr*
	trop	*zu viel*
Adverbien der Art und Weise:	**bien**	*gut*
	ensemble	*zusammen*
	mal	*schlecht*
	mieux	*besser*
	vite	*schnell*

Ursprüngliche Adverbien lernet man am besten, indem man versucht, für jeden Gesichtspunkt Beispiele zu bilden:

Moi, je suis ici, dans le salon, et lui, il est là, sur la terrasse.	*Ich bin hier in der Couchecke und er ist dort, auf der Terrasse.*
Hier, il a plu, aujourd'hui il fait moyen et demain il devrait faire beau.	*Gestern hat es geregnet, heute ist es mäßig und morgen sollte es schön werden.*

Die abgeleiteten Adverbien

1. Adverbien, die von einem Adjektiv abgeleitet werden, nennt man abgeleitete Adverbien. Abgeleitete Adverbien bildet man, indem man die Endung **-ment** an die weibliche Form des Adjektivs anhängt:

Adjektiv		Adverb
männlich	weiblich	
fort	**forte**	**fortement**
froid	**froide**	**froidement**
sérieux	**sérieuse**	**sérieusement**

2. Bei Adjektiven, deren männliche und weibliche Form auf **-e** enden, wird die Endung **-ment** an diese Form angehängt:

Adjektiv		Adverb
männlich	weiblich	
terrible	**terrible**	**terriblement**
difficile	**difficile**	**difficilement**
pratique	**pratique**	**pratiquement**
rapide	**rapide**	**rapidement**

3. Bei Adjektiven, die auf einem hörbaren Vokal, aber nicht auf **-e** enden, wird **-ment** an die männliche Form angehängt, z. B.:

Adjektiv		Adverb
männlich	weiblich	
vrai	**vraie**	**vrai**ment
joli	**jolie**	**joli**ment
absolu	**absolue**	**absol**ument

Es gibt jedoch Ausnahmen, bei denen das Adverb von der weiblichen Form abgeleitet wird:

gai, gaie ▸ **gai**ement
nouveau, nouvelle ▸ **nou**vellement
fou, folle ▸ **fol**lement

4. Adjektive, die auf **-ant** oder **-ent** enden, bilden ihr Adverb auf **-amment** und **-emment**:

Adjektiv		Adverb
männlich	weiblich	
élégant	**élégante**	**élég**amment
évident	**évidente**	**évid**emment

5. Darüber hinaus gibt es einige unregelmäßige Adverbformen, z. B.:

Adjektiv		Adverb
männlich	weiblich	
précis	**précise**	**précisément**
énorme	**énorme**	**énormément**
gentil	**gentille**	**gentiment**
bref	**brève**	**brièvement**
bon	**bonne**	**bien**
meilleur	**meilleure**	**mieux**
mauvais	**mauvaise**	**mal**

2. Die Stellung der Adverbien

1. Die Adverbien des Ortes und der bestimmten Zeit stehen am Satz-
anfang oder am Satzende:

Aujourd'hui, il fait beau.   *oder:*   **Il fait beau aujourd'hui.**
Heute ist schönes Wetter.   *Es ist schönes Wetter heute.*

2. Die meisten anderen Adverbien stehen direkt hinter dem konjugier-
ten Verb:

Philippe regarde toujours la télé.   *Philippe sieht immer fern.*
Hier, il a beaucoup travaillé.   *Gestern hat er viel gearbeitet.*
Aujourd'hui, il ne fait pratique-   *Heute macht er so gut wie nichts.*
ment rien.
Il veut toujours se reposer.   *Er möchte sich immer ausruhen.*

Tôt, tard und **ensemble** stehen in zusammengesetzten Zeiten immer
hinter dem Participe passé und bei Infinitivkonstruktionen hinter dem
Infinitiv:

Nous sommes arrivés tôt.   *Wir sind früh angekommen.*
Je vais me coucher tard ce soir.   *Heute Abend gehe ich spät ins Bett.*
Nous voulons manger ensemble.   *Wir wollen zusammen essen.*

3. Adverbien, die sich auf den ganzen Satz beziehen, stehen in der
Regel am Anfang oder am Ende des Satzes. Sie werden durch ein
Komma vom restlichen Satz getrennt:

Malheureusement, je n'ai pas   *Leider habe ich das Hotel nicht*
trouvé l'hôtel.   *gefunden.*

3. Die Steigerung der Adverbien

Das Adverb lässt sich genauso wie das Adjektiv steigern:

Positiv	**Elle court**	**vite.**	
	Sie rennt schnell.		
Komparativ	**Elle court**	**plus**	**vite** **que son mari.**
	Sie rennt schneller als ihr Mann.		
	Elle court	**moins**	**vite** **que son mari.**
	Sie rennt langsamer als ihr Mann.		

| **Elle court** | **aussi** | **vite** | **que son mari.** |

Sie rennt genauso schnell wie ihr Mann.

| **Superlativ** | **Elle court** | **le plus** | **vite** | **de tous.** |

Sie rennt von allen am schnellsten.

| | **Elle court** | **le moins** | **vite** | **de tous.** |

Sie rennt von allen am langsamsten.

Der Komparativ des Adverbs wird mit **plus ... que** bzw. **moins ... que** gebildet, der Vergleich mit **aussi ... que**.
Der Superlativ wird mit **le plus ... (de)** und **le moins ... (de)** gebildet.

Sind Sie sicher im Umgang mit **très** und **beaucoup**? Merken Sie sich, dass man diese nie zusammenfindet: *sehr viel* wird mit **vraiment beaucoup** übersetzt. Hier finden Sie weitere gängige Redewendungen mit beiden Wörtern:

| **très gentiment** | *auf sehr freundliche Weise* |
| **beaucoup plus** | *viel mehr* |

Es gibt allerdings auch unregelmäßige Steigerungsformen:

bien	**mieux**	**le mieux**
gut	*besser*	*am besten*
beaucoup	**plus**	**le plus**
viel	*mehr*	*am meisten*
peu	**moins**	**le moins**
wenig	*weniger*	*am wenigsten*

Die Formen des Adverbs

Im Französischen gibt es zwei Arten von Adverbien: die so genannten ursprünglichen Adverbien und Adverbien, die von einem Adjektiv abgeleitet werden. Die ursprünglichen Adverbien lernen Sie am besten anhand der Tabelle ▸ „Die ursprünglichen Adverbien" nach Gruppen geordnet auswendig.

Bei den abgeleiteten Adverbien können Sie sich die folgenden Regeln merken:

- Die meisten abgeleiteten Adverbien bildet man durch Anhängen von **-ment** an die weibliche Form des Adjektivs, z. B. **fort(e) / fortement, froid(e) / froide**ment usw.

- Bei Adjektiven, die auf einen Vokal, aber nicht auf **-e** enden, wird **-ment** an die männliche Form angehängt, z. B. **vrai / vrai**ment, **absolu / absolu**ment usw.

- Von Adjektiven auf **-ant** oder **-ent** wird das Adverb auf **-amment** oder **-emment** abgeleitet, z. B. **élégant / élég**amment, **évident / évid**emment usw.

- Darüber hinaus gibt es eine Reihe von unregelmäßigen Adverbformen, die Sie hier ▸ „5. Darüber hinaus gibt es einige unregelmäßige Adverbformen, z. B.:" nachlesen können.

Die Steigerung der Adverbien

- Der Komparativ eines Adverbs wird mit **aussi ... que, plus ... que** oder **moins ... que** gebildet:

aussi **vite** (que)	*so schnell (wie)*
plus **vite** (que)	*schneller (als)*
moins **vite** (que)	*langsamer (als)*

- Den Superlativ bildet man mit **le plus** oder **le moins**:

le plus **vite**	*am schnellsten*
le moins **vite**	*am langsamsten*

- Die Adverbien **bien** *(gut)*, **beaucoup** *(viel)* und **peu** *(wenig)* werden unregelmäßig gesteigert (▸ „Es gibt allerdings auch unregelmäßige Steigerungsformen:").

LES PRONOMS – *DIE PRONOMEN*

1. Die verbundenen Personalpronomen

Im Gegensatz zu den unverbundenen Personalpronomen, denen wir uns später zuwenden, werden die verbundenen Personalpronomen nur in Verbindung mit einem Verb verwendet.

Die Formen der verbundenen Personalpronomen

Singular	1. Person	je j'	ich	vor Vokal und stummem **h**
	2. Person	tu	du	
	3. Person	il elle on	er sie man	
Plural	1. Person	nous	wir	
	2. Person	vous	ihr, Sie	
	3. Person	ils elles	sie sie	männlich weiblich

1. Da das Französische nur männliche und weibliche Formen kennt, existiert das Personalpronomen *es* im Französischen nicht. Je nachdem, ob es sich um männliche oder weibliche Personen oder Dinge handelt, verwendet man anstelle von *es* **il** oder **elle**, z. B.:

   La maison est grande.   *Das Haus ist groß.*
   Elle est grande.   *Es ist groß.*

2. Im Deutschen verwendet man sowohl für männliche als auch für weibliche Personen in der 3. Person Plural *sie*. Im Französischen muss man hingegen je nach Geschlecht **ils** oder **elles** wählen, z. B.:

   Les garçons, ils jouent bien au tennis.
   Die Jungen, sie spielen gut Tennis.
   Les filles aussi, elles jouent bien au tennis.
   Die Mädchen, sie spielen auch gut Tennis.

Der Gebrauch der verbundenen Personalpronomen

Il, elle, ils, elles

Singular		
männlich	**Monsieur Pasquali** est d'où? **Il** est de Montpellier.	*Woher kommt Herr Pasquali?* *Er kommt aus Montpellier.*
	Le livre est où? **Il** est sur la table.	*Wo ist das Buch?* *Es ist auf dem Tisch.*
	Il steht für einzelne männliche Personen und Dinge.	
weiblich	**Madame Pasquali** est d'où? **Elle** est aussi de Montpellier.	*Woher kommt Frau Pasquali?* *Sie ist auch aus Montpellier.*
	La clé est où? **Elle** est sur la table.	*Wo ist der Schlüssel?* *Er ist auf dem Tisch.*
	Elle steht für einzelne weibliche Personen und Dinge.	

Plural		
männlich	**Les garçons** sont d'où? **Ils** sont de Lyon.	*Woher kommen die Jungs?* *Sie kommen aus Lyon.*
	Les livres sont où? **Ils** sont sur la table.	*Wo sind die Bücher?* *Sie sind auf dem Tisch.*
	Ils steht für mehrere männliche Personen und Dinge.	
weiblich	**Les filles** sont d'où? **Elles** sont de Paris.	*Woher kommen die Mädchen?* *Sie kommen aus Paris.*
	Les clés sont où? **Elles** sont sur la table.	*Wo sind die Schlüssel?* *Sie sind auf dem Tisch.*
	Elle steht für mehrere weibliche Personen und Dinge.	

 Enthält eine Gruppe von Personen oder Dingen mindestens eine männliche Person oder Sache, so verwendet man **ils**:

Les filles et les garçons sont où? *Wo sind die Jungs und Mädchen?*
Ils sont dans le jardin. *Sie sind im Garten.*

Die Höflichkeitsform vous

Das Pronomen **vous** wird auch als Höflichkeitsform für eine oder mehrere männliche oder weibliche Personen verwendet:

Monsieur Noblet, vous êtes fatigué?	*Sind Sie müde, Herr Noblet?*
Voulez-vous entrer, Madame?	*Wollen Sie eintreten, meine Dame?*
Mesdames et Messieurs, voulez-vous entrer?	*Meine Damen und Herren, wollen Sie eintreten?*

Hier finden Sie die unverbundenen Personalpronomen auf einen Blick zusammengefasst:

Singular-Formen		
je	**Je prends le train.**	*Ich nehme den Zug.*
tu	**Pourquoi ne dis-tu rien ?**	*Warum sagst du nichts?*
il (Person/ Gegenstand)	**Il ne vient pas aujourd'hui. Tu as vu l'orage? Il est violent.**	*Er kommt heute nicht. Hast du das Gewitter gesehen? Es ist gewaltig.*
elle (Person/ Gegenstand)	**Elle arrive à temps. Oh non, l'eau ! Elle coule partout!**	*Sie kommt rechtzeitig. Oh nein, das Wasser! Es fließt überall!*
on	**On dit que cela vaut la peine. On y va ?**	*Man sagt, dass es das wert ist. Gehen wir?*

Plural-Formen		
nous	**Nous déjeunons dehors.**	*Wir essen draußen.*
vous	**Vous prenez quelque chose ?**	*Nehmt ihr/nehmen Sie etwas?*
ils (Männer oder Männer + Frauen)	**Les hommes? Ils sont dans le jardin. Ils sont tous là, les garçons et les filles.**	*Die Männer? Sie sind im Garten. Sie sind alle da, die Jungs und die Mädchen.*
elles (nur Frauen)	**Mes amies ? Elles sont dans la cuisine!**	*Meine Freundinnen? Sie sind in der Küche!*

LEICHT GEMERKT

2. Die unverbundenen Personalpronomen

Im Deutschen gibt es keine eigenen Formen für die unverbundenen Personalpronomen.

Die Formen der unverbundenen Personalpronomen

Singular	1. Person	moi	ich	
	2. Person	toi	du	
	3. Person	lui elle	er sie	
Plural	1. Person	nous	wir	
	2. Person	vous	ihr, Sie	
	3. Person	eux elles	sie sie	männlich weiblich

Der Gebrauch der unverbundenen Personalpronomen

Die unverbundenen oder betonten Personalpronomen werden wie folgt verwendet:

nach einer Präposition:	**Est-ce que tu sors avec moi, ce soir?** *Gehst du mit mir heute Abend aus?* **Non, je préfère sortir sans toi.** *Nein, ich gehe lieber ohne dich aus.*
zur Hervorhebung eines Subjekts:	**Qu'est-ce que vous faites dans la vie?** *Was machen Sie beruflich?* **Moi, je suis pharmacienne.** *Ich bin Apothekerin.*
in verkürzten Sätzen ohne Verb:	**Qui veut apprendre le français?** *Wer möchte Französisch lernen?* **Moi!** *Ich.*
nach **c'est** und **ce sont**:	**Qui est-ce qui a pris les photos?** *Wer hat die Fotos gemacht?* **C'est lui qui a pris les photos.** ***Er** hat die Fotos gemacht.*

• beim bejahten Imperativ:	**Donnez-moi** le livre, s'il vous plaît.
	Geben Sie mir bitte das Buch.

Bei den verbundenen Personalpronomen müssen Sie sich im Grunde nur die merken, die anders sind als die unverbundenen:

moi, **toi**	*ich/mich/mir, du/dich/dir*
lui	*er/ihn/ihm*
eux	*sie/ihnen*

LEICHT GEMERKT

3. Die direkten Objektpronomen

Die Formen der direkten Objektpronomen

Singular	1. Person	me	*mich*	
		m'	*mich*	vor Vokal und stummem **h**
	2. Person	te	*dich*	
		t'	*dich*	vor Vokal und stummem **h**
	3. Person	le	*ihn, es*	
		l'	*ihn, es*	vor Vokal und stummem **h**
		la	*sie*	
		l'	*sie*	vor Vokal und stummem **h**
Plural	1. Person	nous	*uns*	
	2. Person	vous	*euch, Sie*	
	3. Person	les	*sie*	

Denken Sie daran, vor Vokal und stummem **h** werden **me**, **te**, **le** und **la** zu **m'**, **t'** und **l'**.
Insbesondere bei Sätzen im Passé composé mit **avoir** werden Sie damit ständig konfrontiert.
Beispielsweise **je l'ai vu(e), tu l'as vu(e)** etc.

Der Gebrauch der direkten Objektpronomen

Die direkten Objektpronomen ersetzen ein Akkusativobjekt und stimmen in Zahl und Geschlecht mit diesem überein, z. B.:

Personen		
männlich	**Est-ce que tu as vu Jean?** **Oui, je l'ai vu.**	*Hast du Jean gesehen?* *Ja, ich habe ihn gesehen.*
männlich	**Est-ce que tu as vu les garçons?** **Oui, je les ai vus.**	*Hast du die Jungs gesehen?* *Ja, ich habe sie gesehen.*
weiblich	**Est-ce que tu as vu Brigitte?** **Oui, je l'ai vue.**	*Hast du Brigitte gesehen?* *Ja, ich habe sie gesehen.*
weiblich	**Est-ce que tu as vu les filles?** **Oui, je les ai vues.**	*Hast du die Mädchen gesehen?* *Ja, ich habe sie gesehen.*

Dinge		
männlich	**Est-ce qu'Eric lit ce livre?** **Oui, il le lit.**	*Liest Eric dieses Buch?* *Ja, er liest es.*
männlich	**Est-ce que vous lisez ces livres?** **Oui, nous les lisons.**	*Lest ihr diese Bücher?* *Ja, wir lesen sie.*
weiblich	**Est-ce que vous lisez cette revue?** **Non, nous ne la lisons pas.**	*Lest ihr diese Zeitschrift?* *Nein, wir lesen sie nicht.*
weiblich	**Est-ce que vous lisez ces revues?** **Non, nous ne les lisons pas.**	*Lest ihr diese Zeitschriften?* *Nein, wir lesen sie nicht.*

LEICHT GEMERKT

Die direkten Objektpronomen finden Sie hier noch einmal auf einen Blick:

me, te	*mich/dich*
le, la, l'	*ihn/sie/es*
nous, vous	*uns, euch/Sie*
les	*sie*

Die Stellung der direkten Objektpronomen

1. Die direkten Objektpronomen stehen vor dem konjugierten Verb.
   Wird der Satz verneint, so umschließt die Verneinung das Objekt-
   pronomen und das konjugierte Verb.
   Steht der Satz im Passé composé oder im Plusquamperfekt, dann
   stehen die Objektpronomen vor dem konjugierten Hilfsverb:

Tu achètes ce CD?	**– Oui, je l'achète.**
Kaufst du diese CD?	*– Ja, ich kaufe sie.*
	– Non, je ne l'achète pas.
	– Nein, ich kaufe sie nicht.
Est-ce que vous avez	**– Oui, nous les avons achetés.**
acheté les journaux?	*– Ja, wir haben sie gekauft.*
Habt ihr die Zeitungen	**– Non, nous ne les avons pas achetés.**
gekauft?	*– Nein, wir haben sie nicht gekauft.*

2. Bei Verben, die einen Infinitiv bei sich haben, steht das direkte Ob-
   jektpronomen vor dem Infinitiv, auf den es sich bezieht:

Est-ce que tu vas écouter	**– Oui, je vais l'écouter.**
la radio?	*– Ja, ich werde es hören.*
Wirst du Radio hören?	**– Non, je ne vais pas l'écouter.**
	– Nein, ich werde es nicht hören.
Est-ce que tu peux ranger	**– Oui, je peux la ranger.**
ta chambre?	*– Ja, ich kann es aufräumen.*
Kannst du dein Zimmer	**– Non, je ne peux pas la ranger.**
aufräumen?	*– Nein, ich kann es nicht aufräumen.*

3. Bei Imperativen wird das Objektpronomen an den bejahten Impera-
   tiv mit Hilfe eines Bindestrichs angehängt:

Maman, est-ce que je peux	**– Oui, invite-les.**
inviter mes amis?	
Mama, kann ich meine	*– Ja, lade sie ein.*
Freunde einladen?	

Die direkten Objektpronomen stehen immer vor:
- dem konjugierten Verb
- dem konjugierten Hilfsverb bei Passé composé oder Plusquamperfekt
- vor dem Infinitiv bei naher Zukunft und Verben + Infinitv

Sie stehen aber hinter:
- dem bejahten Imperativ: Imperativform + Bindestrich + Pronomen

LEICHT GEMERKT

4. Die indirekten Objektpronomen

Die Formen der indirekten Objektpronomen

Singular	1. Person	me	mir	
		m'	mir	vor Vokal und stummem **h**
	2. Person	te	dir	
		t'	dir	vor Vokal und stummem **h**
	3. Person	lui	ihm, ihr	
Plural	1. Person	nous	uns	
	2. Person	vous	euch, Ihnen	
	3. Person	leur	ihnen	

Me, te, nous und **vous** erleichtern einem das Leben im Französischen sehr, da die direkten und indirekten Objektpronomen dieselbe Form haben.

LEICHT GEMERKT

Die indirekten Personalpronomen finden Sie hier zusammengefasst:

me, **te**	*mir/dir*
lui	*ihm/ihr*
nous, **vous**	*uns, euch/Ihnen*
leur	*ihnen*

Wie Sie sehen, sind nur die Personalpronomen der jeweils 3. Person anders als die direkten Objektpronomen.

Allerdings können beide Formen mit anderen Wörtern leicht verwechselt werden:

- **lui** als verbundenes/indirektes Pronomen

Lui, il a toujours raison.	*Er hat immer recht.*
Je **lui** donne un cadeau.	*Ich gebe ihm/ihr ein Geschenk.*

- **leur** als indirektes Pronomen/Possessivbegleiter

Il **leur** offre des fleurs.	*Er schenkt ihnen Blumen.*
Ils emmènent **leur** fils.	*Sie nehmen ihren Sohn mit.*

Der Gebrauch der indirekten Objektpronomen

Die indirekten Objektpronomen ersetzen Dativobjekte und stimmen in der Zahl mit dem Dativobjekt überein.
Bei den Dativobjekten handelt es sich fast ausschließlich um Personen und Tiere.

Für männliche und weibliche Dativobjekte gibt es jeweils nur ein indirektes Objektpronomen:

Singular		
männlich	**Tu donnes ton adresse à Jean?** **Oui, je lui donne mon adresse.**	*Gibst du Jean deine Adresse? Ja, ich gebe ihm meine Adresse.*
weiblich	**Tu vas répondre à Sandra?** **Non, je ne vais pas lui répondre.**	*Wirst du Sandra antworten? Nein, ich werde ihr nicht antworten.*

Plural		
männlich	**Vous écrivez à vos amis?** **Oui, nous leur écrivons.**	*Schreibt ihr euren Freunden? Ja, wir schreiben ihnen.*
weiblich	**Vous pouvez téléphoner à mes amies?** **Oui, nous pouvons leur téléphoner.**	*Könnt ihr meine Freundinnen anrufen? Ja, wir können sie anrufen.*

In der 3. Person Singular und Plural gibt es nur ein indirektes Objektpronomen für männliche oder weibliche indirekte Objekte: **lui** und **leur**, z. B.:

Je lui donne un livre.   *Ich gebe ihr ein Buch.*
                            Ich gebe ihm ein Buch.

Merken Sie sich, dass die indirekten Pronomen dem Dativ entsprechen. Allerdings muss man aufpassen: Ein französisches Dativ entspricht nicht immer einem deutschen Dativ:

téléphoner à	*jdn anrufen*	**Je lui téléphone.**	*Ich rufe sie an.*
remercier qn	*jdm danken*	**Il les remercie.**	*Er dankt ihnen.*

LEICHT GEMERKT

Die Stellung der indirekten Objektpronomen

1. Die indirekten Objektpronomen stehen vor dem konjugierten Verb.
   Wird der Satz verneint, so umschließt die Verneinung das Objekt-
   pronomen und das konjugierte Verb.
   Steht der Satz im Passé composé oder im Plusquamperfekt, dann
   steht das Objektpronomen vor dem konjugierten Hilfsverb:

Brigitte, tu téléphones à tes amies?
Brigitte, rufst du deine Freun-dinnen an?

– Oui, je leur téléphone.
– Ja, ich rufe sie an.
– Non, je ne leur téléphone pas.
– Nein, ich rufe sie nicht an.

Est-ce que tu as montré les photos à ton copain?
Hast du die Fotos deinem Freund gezeigt?

– Oui, je lui ai montré les photos.
– Ja, ich habe ihm die Fotos gezeigt.
– Non, je ne lui ai pas montré les photos.
– Nein, ich habe ihm die Fotos nicht gezeigt.

2. Bei Verben, die einen Infinitiv bei sich haben, steht das indirekte
   Objektpronomen vor dem Infinitiv:

Est-ce que tu vas écrire à ta grand-mère?
Wirst du deiner Großmutter schreiben?

– Oui, je vais lui écrire.
– Ja, ich werde ihr schreiben.
– Non, je ne vais pas lui écrire.
– Nein, ich werde ihr nicht schreiben.

LEICHT GEMERKT

Die indirekten Objektpronomen stehen immer vor:

- dem konjugierten Verb
- dem konjugierten Hilfsverb bei Passé composé oder Plusquam-perfekt
- vor dem Infinitiv bei naher Zukunft und Verben + Infinitv

Sie stehen aber hinter:

- dem bejahten Imperativ: Imperativform + Bindestrich + Pronomen

Réponds-lui vite.   *Antworte ihm/ihr schnell.*

5. Die Reflexivpronomen

Das Reflexivpronomen, das sich auf die gleiche Person wie das Subjekt des Satzes bezieht, verfügt nur für die 3. Person Singular und Plural über eine eigenständige Form, nämlich **se** bzw. **s'** vor Vokal und stummem **h**.

In anderen Personen ist das Reflexivpronomen identisch mit den Objektpronomen:

Je	m'	appelle Annie.	*Ich heiße Annie.*
Tu	t'	appelles Jean.	*Du heißt Jean.*
Il Elle	se	promène en ville.	*Er/ Sie geht in der Stadt spazieren.*
Nous	nous	lavons les mains.	*Wir waschen uns die Hände.*
Vous	vous	douchez ce soir.	*Ihr duscht euch heute Abend.*
Ils Elles	s'	habillent.	*Sie ziehen sich an.*

Wie Sie an den Übersetzungen der Beispielsätze oben erkennen können, ist nicht jedes französische reflexive Verb auch im Deutschen reflexiv und umgekehrt.

Hier finden Sie die Reflexivpronomen auf einen Blick – alle bis auf die 3. Person sind identisch mit den direkten und indirekten Objektpronomen:

me, **te**, **se**   *mich, dich, sich*
nous, **vous**, **se**   *uns, euch, sich*

LEICHT GEMERKT

6. Das Adverbialpronomen *en*

Der Gebrauch von *en*

1. **En** ist ein Pronomen, das bestimmte Ergänzungen, meist Mengen, vertritt und in diesem Zusammenhang oft mit *davon* übersetzt wird.

Das Pronomen **en** vertritt Ergänzungen mit **de**. Es vertritt:

des + Substantiv:	
Est-ce que tu achètes des fruits **?** **– Oui, j'**en **achète.**	*Kaufst du Früchte?* *– Ja, ich kaufe welche.*
den Teilungsartikel + Substantiv:	
Est-ce que tu prends de la limonade **?** **– Oui, j'**en **prends.**	*Nimmst du Limonade?* *– Ja, ich nehme etwas.*
Mengenangabe + Substantiv:	
Tu veux une bouteille de coca **?** **– Oui, j'**en **veux** une**.**	*Möchtest du eine Flasche Cola?* *– Ja, ich möchte eine (davon).*
Zahlwort + Substantiv:	
Tu prends dix pommes **?** **– Non, j'**en **prends seulement** six**.**	*Nimmst du zehn Äpfel?* *– Nein, ich nehme nur sechs (Äpfel).*
un/une + Substantiv:	
Est-ce que tu prends une pomme **?** **– Oui, j'**en **prends** une**.**	*Nimmst du einen Apfel?* *– Ja, ich nehme einen.*

Vertritt **en** eine Mengenangabe, ein Zahlwort oder **un/une** + Substantiv, so wird die Mengenangabe, das Zahlwort oder der unbestimmte Artikel im nachfolgenden Satz wieder aufgegriffen.

2. **En** vertritt auch andere Ergänzungen mit **de**.
   In diesen Fällen wird **en** oft mit *davon, darüber, von dort* und *dorther* übersetzt.

Das Pronomen **en** vertritt Ergänzungen mit **de** + Sachsubstantiven, z. B. nach den Verben **parler de** (*sprechen von*), **rêver de** (*träumen von*), **revenir de** (*zurückkommen von*), **se souvenir de** (*sich erinnern an*), **rentrer de** (*zurückkehren von*) usw.:

Tu es déjà rentré du Portugal **?**

– Oui, j'en **suis rentré hier, mais j'**en **rêve encore.**

Bist du schon aus Portugal zurück?
– Ja, ich bin gestern (von dort) zurückgekommen, aber ich träume noch davon.

Achtung! Folgt auf die Präposition **de** ein Personensubstantiv, so übernehmen die betonten Personalpronomen seine Vertretung, z. B.:

Tu te souviens d'Annette? *Erinnerst du dich an Annette?*
Non, je ne me souviens pas d'elle. *Nein, ich erinnere mich nicht an sie.*

Der Pronomen **en** ist für Deutsche nicht immer einfach zu verwenden, da er mehreren Übersetzungen entspricht. Merken Sie sich, dass **en** folgendes vertritt:

- Ergänzungen mit **de** + Substantiv
- Zahlwörter + Substantiv
- unbestimmten Artikel + Substantiv

LEICHT GEMERKT

Die Stellung von *en*

1. Das Pronomen **en** steht vor dem konjugierten Verb. Wird der Satz verneint, so umschließt die Verneinung **en** und das konjugierte Verb.

   Steht der Satz im Passé composé oder im Plusquamperfekt, dann steht **en** vor dem konjugierten Hilfsverb:

   Est-ce que tu prends du beurre?   **– Oui, j'en prends.**
   Nimmst du Butter?   *– Ja, ich nehme davon.*
                                              – Non, je n'en prends pas.
                                              – Nein, ich nehme keine.

   Est-ce que Martin a acheté du beurre   **– Oui, il en a acheté.**
   hier?   *– Ja, er hat welche gekauft.*
   Hat Martin gestern Butter gekauft?   **– Non, il n'en a pas acheté.**
                                              – Nein, er hat keine gekauft.

2. Bei Verben, auf die ein Infinitiv folgt, steht **en** vor dem Infinitiv:
   Nous n'avons plus de pain.   *Wir haben kein Brot mehr.*
   Alors, je vais en acheter tout de suite. *Dann werde ich gleich welches kaufen.*

3. Bei Imperativen wird **en** an den bejahten Imperativ mit Hilfe eines Bindestrichs angehängt:
   Est-ce que je peux prendre du fromage? *Kann ich vom Käse nehmen?*
   – Oui, prends-en.   *– Ja, nimm dir davon.*

Aber aufgepasst! Bei den Verben auf **-er** wird an den Imperativ Singular des Verbs ein **-s** angehängt:

Est-ce que je peux manger du pain?	*Kann ich Brot essen?*
– Oui, manges-en.	*– Ja, iss davon.*

Das Adverbialpronomen **en** finden Sie auch in folgenden Wendungen:

Tu m'en veux?	*Bist du mir böse?*
Je n'en peux plus.	*Ich kann nicht mehr.*
J'en ai assez.	*Ich habe es satt.*
Va-t'en!	*Verschwinde! / Geh weg!*

Genau wie die direkten und indirekten Objektpronomen befindet sich das Pronomen **en** immer vor dem konjugierten Verb bzw. dem Infinitiv. Nur beim Imperativ wird es mit Bindestrich an das Verb angehängt!

7. Das Adverbialpronomen y

Der Gebrauch von y

Das Pronomen **y** vertritt

* Ortsbestimmungen, die durch Präpositionen wie **à, dans, en, chez, sur** etc. eingeleitet werden:

Est-ce que vous habitez à Paris?	*Wohnt ihr in Paris?*
– Oui, nous y habitons.	*– Ja, wir wohnen dort.*

* Ergänzungen mit **à** + Sachsubstantiven:

Est-ce que tu penses à Noël?	*Denkst du an Weihnachten?*
– Oui, j'y pense toujours.	*– Ja, ich denke immer daran.*

Das Pronomen **y** ersetzt niemals Ergänzungen mit **de**, auch wenn es sich um Ortsangaben handelt!

Est-ce que tu es rentré de France?	*Bist du aus Frankreich zurückgekommen?*
– Oui, j'en suis rentré hier.	*– Ja, ich bin gestern von dort zurückgekommen.*

Die Stellung von *y*

1. Das Pronomen **y** steht vor dem konjugierten Verb. Wird der Satz verneint, so umschließt die Verneinung **y** und das konjugierte Verb.

   Steht der Satz im Passé composé oder im Plusquamperfekt, dann steht **y** vor dem konjugierten Hilfsverb:

Est-ce que vous allez en France?	*Fahrt ihr nach Frankreich?*
– Oui, nous y allons.	*– Ja, wir fahren dorthin.*
– Non, nous n'y allons pas.	*– Nein, wir fahren nicht dorthin.*
Est-ce que tu as acheté ton pain dans ce supermarché?	*Hast du dein Brot in diesem Supermarkt gekauft?*
– Oui, j'y ai acheté mon pain.	*– Ja, ich habe mein Brot dort gekauft.*
– Non, je n'y ai pas acheté mon pain.	*– Nein, ich habe mein Brot nicht dort gekauft.*

2. Bei Verben, auf die ein Infinitiv folgt, steht **y** vor dem Infinitiv:

J'ai oublié mon porte-monnaie à la boulangerie.	*Ich habe meinen Geldbeutel in der Bäckerei vergessen.*
Alors je vais y aller tout de suite.	*Dann werde ich gleich dorthin gehen.*

3. Bei Imperativen wird **y** an den bejahten Imperativ mit Hilfe eines Bindestrichs angehängt. Aber aufgepasst! Bei den Verben auf **-er** sowie bei dem unregelmäßigen Verb **aller** wird an den Imperativ Singular ein **-s** angehängt:

Vas-y.	*Geh dorthin.*

 Das Adverbialpronomen **y** finden Sie auch in folgenden Wendungen:

Ça y est.	*Es ist soweit. / Es ist fertig.*
Je n'y suis pour rien.	*Ich kann nichts dafür.*
Vas-y. / Allons-y. / Allez-y.	*Los. / Auf geht's.*

Über den Gebrauch von **y** müssen Sie sich merken, dass er folgendes vertritt:

- Ortsbestimmungen mit Präposition
- Ergänzungen mit **à** + Sachsubstantive
- unbestimmten Artikel + Substantiv

Er steht immer vor dem konjugierten Verb bzw. dem Infinitiv und wird wie die anderen Personalpronomen ebenfalls beim Imperativ mit Bindestrich ans Verb angehängt.

8. Die Stellung der Pronomen bei mehreren Pronomen im Satz

Wenn mehrere Pronomen in einem Satz auftreten, so erscheinen sie in einer bestimmten Reihenfolge:

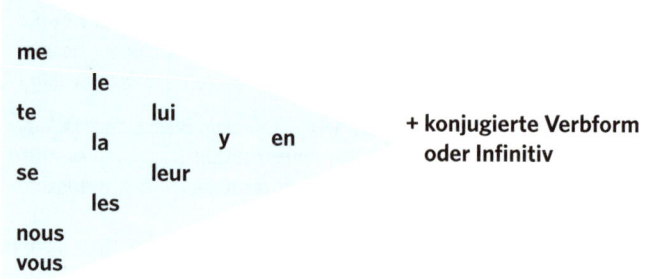

me				
te	le	lui		
se	la		y	en
nous	leur			
vous	les			

+ konjugierte Verbform oder Infinitiv

Es können bis zu zwei Pronomen vor dem konjugierten Verb oder Infinitiv stehen:

me te se nous vous	vor le la les :
Maman, est-ce que tu me racontes l'histoire ?	**– Oui, je te la raconte tout de suite.**
Mama, erzählst du mir die Geschichte?	*– Ja, ich erzähle sie dir gleich.*
le la les	vor lui leur :
Ah, les photos de l'excursion ! Tu les as déjà montrées à Marc ?	**– Non, je ne les lui ai pas encore montrées.**
Ah, die Fotos vom Ausflug! Hast du sie schon Marc gezeigt?	*– Nein, ich habe sie ihm noch nicht gezeigt.*
me te se nous vous lui leur	vor y en :
Est-ce que tu peux nous parler de tes vacances ?	**– Oui, je vais vous en parler tout de suite.**
Kannst du uns von deinen Ferien erzählen?	*– Ja, ich werde euch gleich davon erzählen.*
y	vor en :
Il y a encore du café ?	**– Oui, il y en a encore.**
Ist noch Kaffee da?	*– Ja, es ist noch welcher da.*

9. Die Demonstrativbegleiter

Die Formen der Demonstrativbegleiter

	vor Konsonant	vor Vokal	vor stummem h
männliche Formen Singular Plural	ce train ces trains	cet arbre ces arbres	cet hôtel ces hôtels
weibliche Formen Singular Plural	cette ville ces villes	cette information ces informations	cette histoire ces histoires

Der Demonstrativbegleiter im Singular lautet für männliche Substantive
ce und für weibliche Substantive **cette**. Vor Vokal und stummem **h** wird
ce zu **cet**.
Im Plural gibt es für männliche und weibliche Substantive nur eine
Form, nämlich **ces**.

Der Gebrauch der Demonstrativbegleiter

Die Demonstrativbegleiter werden benutzt, um auf bestimmte Gegen-
stände oder Personen hinzuweisen.

Il faut lire ce livre.   *Man muss dieses Buch lesen.*

Die Demonstrativbegleiter werden auch in folgenden Wendungen
benutzt, die Sie sich am besten gleich einprägen:

ce matin   *heute Morgen*
cet après-midi   *heute Nachmittag*
ce soir   *heute Abend*

Die Demonstrativbegleiter werden immer von einem Substantiv gefolgt:

ce monsieur
cette femme
cet enfant
ces gens

10. Die Demonstrativpronomen

Die Formen der Demonstrativpronomen

	männlich	weiblich
Singular	celui	celle
Plural	ceux	celles

Der Gebrauch der Demonstrativpronomen

Während die Demonstrativbegleiter immer vor einem Substantiv stehen, ersetzen die Demonstrativpronomen das Substantiv. Sie stehen jedoch nie alleine, sondern werden gefolgt von:

- einer Ergänzung mit Präposition (z. B. **de**, **à** oder **pour**):
  Ce n'est pas le livre de Nicolas, c'est celui de Pascale.
  Das ist nicht Nicolas' Buch, es ist das von Pascale.

- einem Relativsatz:

Tu as pris toutes les BD?	*Hast du alle Comics mitgenommen?*
– Non, j'ai seulement pris celles qui m'intéressent.	*– Nein, ich habe nur die genommen, die mich interessieren.*

- oder den Stützwörtern **-ci** oder **-là**. Dabei weist **-ci** auf etwas Näheres hin bzw. auf das Erstgenannte, und **-là** auf etwas Ferneres bzw. das Letztgenannte:

Tu prends quel pantalon? Celui-ci ou celui-là?	*Welche Hose kaufst du? Die hier oder die da drüben?*
– Je préfère celui-là.	*– Ich mag die da lieber.*

Hier finden Sie die Übersicht der Demonstrativbegleiter und Demonstrativpronomen auf einen Blick:

	Demonstrativbegleiter	Demonstrativpronomen
Singular	ce, cet, ces	celui, celle
Plural	ces	ceux, celles

11. Die Possessivbegleiter

Die Formen der Possessivbegleiter

Substantiv	Singular		Plural
	männlich	weiblich	männlich + weiblich
Ein Besitzer			
1. Person	mon frère	ma sœur	mes frères/amis
	mon ami	mon amie	mes sœurs/amies
2. Person	ton frère	ta sœur	tes frères/amis
	ton ami	ton amie	tes sœurs/amies
3. Person	son frère	sa sœur	ses frères/amis
	son ami	son amie	ses sœurs/amies
Mehrere Besitzer			
1. Person	notre frère	notre sœur	nos frères
			nos sœurs
2. Person	votre frère	votre sœur	vos frères
			vos sœurs
3. Person	leur frère	leur sœur	leurs frères
			leurs sœurs

 Der Prossessivbegleiter im Französischen richtet sich nach der Zahl und dem Geschlecht des Besitzes. Im Deutschen ist es ähnlich, außer in der 3. Person Singular (er/sie/es), die sich nach dem Geschlecht des Besitzers richtet.

 Aufgepasst! Wenn ein weibliches Substantiv mit Vokal oder stummem **h** beginnt, so stehen in der 1., 2. und 3. Person Singular die Possessivbegleiter **mon, ton** und **son** vor dem Substantiv, auf das sie sich beziehen.

Der Gebrauch der Possessivbegleiter

Die Possessivbegleiter werden verwendet, um ein Besitz- oder ein Zugehörigkeitsverhältnis zum Ausdruck zu bringen:

Sur la table, il y a mon livre.	*Auf dem Tisch befindet sich mein Buch.*
Je vais passer les vacances avec mes parents.	*Ich werde die Ferien mit meinen Eltern verbringen.*

12. Die Possessivpronomen

Die Formen der Possessivpronomen

Substantiv	Singular		Plural	
	männlich	weiblich	männlich	weiblich
Ein Besitzer				
1. Person	le mien	la mienne	les miens	les miennes
2. Person	le tien	la tienne	les tiens	les tiennes
3. Person	le sien	la sienne	les siens	les siennes
Mehrere Besitzer				
1. Person	le nôtre	la nôtre	les nôtres	les nôtres
2. Person	le vôtre	la vôtre	les vôtres	les vôtres
3. Person	le leur	la leur	les leurs	les leurs

Wie der Possessivbegleiter richtet sich auch das Possessivpronomen nach dem Geschlecht und der Zahl des Besitzes.

Der Gebrauch der Possessivpronomen

Während die Possessivbegleiter immer vor einem Substantiv stehen, ersetzen die Possessivpronomen das Substantiv und können alleine stehen:

C'est le vélo de ton frère ?	*Ist das das Fahrrad deines Bruders?*
– Oui, c'est le sien.	*– Ja, das ist seines.*
C'est le portable de Marc ?	*Ist das Marcs Handy?*
– Non, c'est le mien.	*– Nein, das ist meines.*

Das Possessivpronomen können Sie auch in folgenden Wendungen erkennen:

À la tienne ! / À la vôtre !	*Prost! Auf dein/ euer/ Ihr Wohl!*
les miens/ les siens	*meine/ seine Familie, meine/ seine Angehörigen (**wörtlich:** die Meinen/ die Seinen)*

Verwechseln Sie die Possessivbegleiter nicht mit den Possessivpronomen:
* Possessivbegleiter + Substantiv: mon/ma/mes...
* Possessivpronmen alleinstehend: le mien/la mienne/les miens...

Pronomen können entweder ein einzelnes Substantiv oder ganze Satz-teile (z. B. Subjekte, Objekte oder Ergänzungen) ersetzen. Im Folgenden haben wir die wichtigsten Pronomen im Französischen für Sie noch einmal aufgelistet:

Verbundene Personalpronomen

Die verbundenen Personalpronomen stehen immer in enger Verbindung mit einem Verb. Sie ersetzen das Subjekt eines Satzes:

Monsieur Lacroix fait les courses.	*Herr Lacroix geht einkaufen.*
Il fait les courses.	*Er geht einkaufen.*

Unverbundene Personalpronomen

Im Gegensatz zu den verbundenen Personalpronomen können unver-bundene Personalpronomen im Satz eigenständig stehen:

C'est Marie qui a pris les photos.	*Marie hat die Fotos gemacht.*
C'est elle qui a pris les photos.	*Sie hat die Fotos gemacht.*

Direkte Objektpronomen

Die direkten Objektpronomen ersetzen ein Akkusativobjekt. Dabei stehen sie im Satz immer vor dem konjugierten Verb:

Est-ce que tu as vu les garçons ?	*Hast du die Jungs gesehen?*
Est-ce que tu les as vus ?	*Hast du sie gesehen?*

Indirekte Objektpronomen

Die indirekten Objektpronomen ersetzen ein Dativobjekt. Im Satz steht das indirekte Objektpronomen immer vor dem konjugierten Verb. Wird das konjugierte Verb jedoch von einem Infinitiv gefolgt, dann steht das indirekte Objektpronomen vor dem Infinitiv:

Demain, je vais écrire à Jean.	*Morgen werde ich Jean schreiben.*
Demain, je vais lui écrire.	*Morgen werde ich ihm schreiben.*

Reflexivpronomen

Reflexivpronomen beziehen sich auf das Subjekt eines Satzes zurück:

Nous nous lavons les mains.	*Wir waschen uns die Hände.*

Die Adverbialpronomen *y* und *en*

Das Adverbialpronomen **y** vertritt Ortsbestimmungen und Ergänzungen mit **à**:

Elle habite en France.	*Sie wohnt in Frankreich.*
Elle y **habite.**	*Sie wohnt dort.*

Das Pronomen **en** vertritt Ergänzungen mit **de**:

Jacques parle de ses vacances.	*Jacques spricht von seinen Ferien.*
Jacques en **parle.**	*Jacques spricht davon.*

Beachten Sie, dass die Adverbialpronomen **y** und **en** immer vor dem konjugierten Verb stehen!

Demonstrativformen

Bei den Demonstrativformen müssen Sie zwischen **Demonstrativbegleitern** (vor einem Substantiv) und **Demonstrativpronomen** (anstelle eines Substantivs) unterscheiden:

Est-ce que tu prends ce **pantalon?**	*Kaufst du diese Hose hier?*
– Non, je prends celui**-là.**	*– Nein, ich kaufe die dort drüben.*

Possessivformen

Dasselbe gilt auch bei den Possessivformen. Hier unterscheidet man **Possessivbegleiter** (vor einem Substantiv) und **Possessivpronomen** (anstelle eines Substantivs):

Est-ce que c'est ton **livre?**	*Ist das dein Buch?*
– Non, c'est le sien.	*– Nein, es ist seines.*

13. Die Indefinitpronomen

aucun

Est-ce qu'il y a un problème ou une question?
Gibt es ein Problem oder eine Frage?
– Non, nous n'avons aucun problème et aucune question.
– Nein, wir haben kein Problem und keine Frage.

Aucun stimmt im Genus mit seinen Bezugselementen überein.
Tritt es hingegen in verneinten Sätzen auf, so wird es von der Negation
ne begleitet und mit *kein* übersetzt.

Aucun/aucune kann sowohl vor einem Substantiv als auch allein
stehen:

Je n'ai aucun problème.   *Ich habe kein Problem.*
Des questions? Non, je n'en ai   *Fragen? Nein, ich habe keine.*
aucune.

LEICHT GEMERKT

---

certain

certain als Begleiter des Substantivs

Certain als Begleiter des Substantivs wird in der Bedeutung
gewisse(-r, -s), *bestimmte(-r, -s)* oder *einige* verwendet:

	männlich	weiblich
Singular	**Il y a un certain problème**	**avec une certaine personne.**
	Es gibt da ein bestimmtes Problem mit einer gewissen Person.	
Plural	**Il y a certains problèmes avec**	**certaines personnes.**
	Es gibt gewisse Probleme mit einigen Leuten.	

Wenn **certain** als Begleiter des Substantivs verwendet wird, so gleicht
es sich in Zahl und Geschlecht dem Substantiv an, auf das es sich
bezieht. Im Singular steht vor **certain, certaine** der unbestimmte Artikel
un oder **une**, der im Plural entfällt.

certains als Stellvertreter des Substantivs

Tous mes amis veulent faire une fête, mais certains **ne veulent pas m'aider à la préparer.**	*All meine Freunde wollen eine Feier machen, aber einige wollen mir nicht dabei helfen, sie vorzubereiten.*

Wenn **certains** als Stellvertreter des Substantivs gebraucht wird, kann es im Deutschen mit *einige, gewisse* oder *bestimmte* übersetzt werden. **Certains** ist in dieser Funktion unveränderlich. Das Verb wird in der 3. Person Plural angeschlossen.

Verwechseln Sie nicht den Pronomen **certains** mit dem Adjektiv:

Certains **sont déjà partis.**	*Einige sind schon weggegangen.*
Nous en sommes absolument certains.	*Wir sind uns absolut sicher.*

chaque, chacun

Chaque ist ein unveränderlicher Begleiter des Substantivs:

J'adore chaque **roman de Flaubert.**	*Ich mag jeden Roman von Flaubert.*
Chaque **été nous partons en vacances à la mer.**	*Wir fahren jeden Sommer in den Ferien ans Meer.*

Chacun und **chacune** ersetzen ein Substantiv. Sie werden nur im Singular gebraucht, wobei **chacun** für männliche und **chacune** für weibliche Substantive steht:

Il dit bonjour à chacun **et à** chacune.	*Er sagt jedem und jeder guten Tag.*

Das unpersönliche *on*

On wird in der Umgangssprache häufig für **nous** verwendet und wird mit *wir* übersetzt:

Vous êtes où ?	*Wo seid ihr?*
Nous **sommes ici.**	*Wir sind hier.*
On **est ici.**	*Wir sind hier.*

On kann auch für das deutsche *man* stehen:

On dit que ...	*Man sagt, dass ...*

Um sich den Pronomen **on** in der Bedeutung von *man* zu merken, lernen Sie zum Beispiel folgende Sprichwörter:

On n'a rien sans rien.	*Es gibt nichts umsonst.*
On ne peut pas être à la fois au four et au moulin.	*Man kann nicht überall gleichzeitig sein.*

---

plusieurs

Plusieurs in der Bedeutung *mehrere* ist unveränderlich und steht als

– Begleiter des Substantivs:

On a vendu **plusieurs** jupes et pantalons.	*Wir haben mehrere Röcke und Hosen verkauft.*

– Stellvertreter des Substantivs:

Plusieurs sont bon marché.	*Mehrere sind günstig.*

quelqu'un/quelque chose – personne/rien

Quelqu'un est venu.	**Personne** n'est venu.
Jemand ist gekommen.	*Niemand ist gekommen.*
Quelque chose me fait plaisir.	**Rien ne** me fait plaisir.
Etwas macht mir Spaß.	*Nichts macht mir Spaß.*
J'ai vu **quelqu'un**.	Je **n'**ai vu **personne**.
Ich habe jemanden gesehen.	*Ich habe niemanden gesehen.*
J'ai trouvé **quelque chose**.	Je **n'**ai **rien** trouvé.
Ich habe etwas gefunden.	*Ich habe nichts gefunden.*

Quelqu'un und **quelque chose** werden als Subjekt und Objekt in bejahenden Sätzen verwendet. **Personne** und **rien** stehen in verneinenden Sätzen in Verbindung mit dem Verneinungselement **ne**.

Vorsicht bei der Redewendung *ohne etwas* oder *ohne jemanden* – sie heißen auf Französisch **sans rien** und **sans personne**!

quelque(s)

Il me faut quelque temps pour terminer le livre.
Ich benötige einige Zeit, um das Buch zu beenden.
Je vais acheter quelques livres.
Ich werde einige Bücher kaufen.
Plus tard, je vais acheter aussi quelques pommes.
Später werde ich auch einige Äpfel kaufen.

Quelque als Begleiter des Substantivs gleicht sich in der Zahl dem Substantiv an. **Quelque** steht im Singular vor männlichen und weiblichen Substantiven ohne Artikel. Es wird meistens literarisch gebraucht.
Quelques steht im Plural vor männlichen oder weiblichen Substantiven, die von dem bestimmten Artikel oder einem Demonstrativpronomen begleitet werden oder aber ohne Artikel stehen.

tout

tout als Begleiter des Substantivs

	männlich		weiblich		
	Philippe a vu *Philippe hat*				
Singular	**tout** *ganz*	**le Portugal,** *Portugal,*	**toute** *ganz*	**la France,** *Frankreich,*	*gesehen.*
Plural	**tous** *alle*	**les pays,** *Länder,*	**toutes** *alle*	**les capitales.** *Hauptstädte*	

Tout ist veränderlich und richtet sich in Geschlecht und Zahl nach dem zugehörigen Substantiv.
Nach **tout** folgt meist der bestimmte Artikel. Anstelle des bestimmten Artikels können auch Possessiv- oder Demonstrativformen folgen, z. B. **toutes mes amies, toute ma famille**.

Tout le monde bedeutet in der Regel *alle* und bezieht sich auf eine Menge von Personen (nicht von Sachen).

Tout + bestimmter Artikel wird gebraucht, um *der/die/das ganze* oder *alle* zum Ausdruck zu bringen:

Nous nous sommes promenés tout l'**après-midi.**	*Wir sind den ganzen Nachmittag spazieren gegangen.*

Hier finden Sie weitere Beispiele mit unterschiedlicher Übersetzung:

J'ai mangé tout le **gâteau/** tous les **gâteaux.**	*Ich habe <u>den ganzen</u> Kuchen/ <u>alle</u> Kekse gegessen.*
Il parle tout le **temps.**	*Er spricht <u>die ganze</u> Zeit.*
Elle connait tout le **monde.**	*Sie kennt <u>alle</u>.*

Das unveränderliche *tout*

Tout ist in der Bedeutung *alles* unveränderlich:

Est-ce que tu as tout **mangé?**	*Hast du alles gegessen?*

Indefinitpronomen

Hier noch einmal die wichtigsten Indefinitpronomen auf einen Blick:

aucun(e)	*keiner, keine, keines*	**Je n'en prends** aucune. *Ich nehme keine (davon).*
certain(e)(s)	*gewisse(-r, -s), bestimmte(-r, -s), einige*	Certains **viennent accompagnés.** *Einige kommen mit Begleitung.*
chaque	*jeder, jede, jedes*	**Un comprimé** chaque **jour.** *Eine Tablette jeden Tag.*
chacun(e)	*jeder, jede, jedes, einzelne*	Chacun **son tour.** *Jeder der Reihe nach.*

on	*man, wir*	**On dit qu'il faut faire attention.** *Es wird gesagt, dass man aufpassen muss.*
plusieurs	*mehrere*	**Je vais en prendre plusieurs.** *Ich werde mehrere (davon) nehmen.*
quelqu'un	*jemand*	**Il y a quelqu'un ?** *Ist jemand da?*
quelque chose	*etwas*	**Je dois absolument manger quelque chose.** *Ich muss unbedingt etwas essen.*
personne	*niemand/keiner, keines, keine*	**Personne ne me comprend.** *Niemand/keiner versteht mich.*
rien	*nichts*	**Je n'entends rien du tout.** *Ich höre gar nichts.*
quelque(s)	*einige*	**Prenez quelques affaires et venez avec moi.** *Nehmen Sie ein paar Sachen mit und kommen Sie mit mir.*
tout(e)(s)/ tous	*aller, alle, der/die/ das ganze*	**Il prend toute la place.** *Er nimmt den ganzen Platz.* **Ils sont tous venus.** *Sie sind alle gekommen.*

Beachten Sie, dass nur manche Indefinitpronomen in Zahl und Geschlecht veränderlich sind!

LA NÉGATION –DIE *VERNEINUNG*

1. Die Verneinungselemente

Die Verneinung wird aus dem Verneinungselement **ne** und einem weiteren Verneinungswort gebildet.
Steht **ne** vor Vokal oder stummem **h**, so verkürzt es sich zu **n'**.

Anders als im Deutschen besteht die französische Verneinung aus zwei Wörtern.

Folgende Verneinungselemente gibt es im Französischen:

ne ... pas	*nicht*
ne ... plus	*nicht mehr*
ne ... jamais	*nie*
ne ... plus jamais	*nie mehr*
ne ... rien	*nichts*
ne ... plus rien	*nichts mehr*
ne ... personne	*niemand*
ne ... plus personne	*niemand mehr*
ne ... pas encore	*noch nicht*
ne ... toujours pas	*immer noch nicht*
ne ... pas toujours	*nicht immer*
ne ... ni ... ni	*weder ... noch*
ne ... pas ... ni	*weder ... noch*
ne ... pas ... du tout	*überhaupt nicht*

Wenn Sie wollen, können Sie in der Umgangssprache im Gespräch das Element **ne** auch weglassen, denn dies machen die Franzosen gerne. In der Schriftsprache muss **ne** allerdings immer benutzt werden, daran führt kein Weg vorbei.

Um sich die unterschiedlichen Verneinungselemente einzuprägen, bilden Sie am besten Beispiele mit Fragen und Antworten:

Tu vas bien ? Non, je ne vais pas bien.   *Geht es dir gut? Nein, es geht mir nicht gut.*

Est-il toujours de bonne humeur ?   *Ist er immer gut gelaunt?*
Non, il n'est jamais de bonne humeur !   *Nein, er ist nie gut gelaunt!*
...

LEICHT GEMERKT

2. Die Stellung der Verneinungselemente

Im Folgenden haben wir für Sie aufgeführt, wie sich die Verneinungselemente in einem Satz verhalten:

Le pauvre Luc!				Der arme Luc!
Il	ne sait	pas	conduire.	Er kann nicht Auto fahren.
Il	n' habite	plus	ici.	Er wohnt nicht mehr hier.
Il	ne va	jamais	au théâtre.	Er geht nie ins Theater.
Il	ne mange	plus jamais	dans un restaurant.	Er isst nie mehr im Restaurant.
Il	ne lit	rien.		Er liest nichts.
Il	ne fait	plus rien.		Er macht nichts mehr.
Il	ne voit	personne.		Er trifft niemanden.
Il	ne connaît	plus personne.		Er kennt niemanden mehr.
Il	ne sait	pas encore	faire la cuisine.	Er kann noch nicht kochen.
Il	n' est	toujours pas	heureux.	Er ist immer noch nicht glücklich.
Il	n' a	pas toujours	envie de se lever.	Er hat nicht immer Lust aufzustehen.
Il	n' aime	ni sa femme ni son fils.		Er mag weder seine Frau noch seinen Sohn.
Il	n' aime	pas sa femme, ni son fils d'ailleurs!		Er mag seine Frau nicht und seinen Sohn übrigens auch nicht!
Il	ne veut	ni faire les courses ni manger.		Er möchte weder einkaufen noch essen.
Il	ne veut	pas boire, ni manger d'ailleurs!		Er möchte nichts trinken und übrigens auch nichts essen!
Il	n' est	pas content du tout.		Er ist überhaupt nicht glücklich.

Als Faustformel gilt also:
ne/n' + konjugiertes Verb + Verneinungselement (**pas, plus, jamais**…)

1. Die Verneinungselemente umschließen in einfachen Zeiten und im Imperativ das konjugierte Verb:

ne n'	konjugiertes Verb	pas plus rien jamais personne etc.

Je n'aime pas les maths.   *Ich mag Mathe nicht.*

2. Dies gilt auch bei Infinitivkonstruktionen, außer bei der Verneinung mit **ne … personne**:

ne n'	konjugiertes Verb	pas plus rien jamais etc.	Infinitiv

Je n'aime pas jouer au foot.   *Ich spiele nicht gerne Fußball.*

Ne … personne umschließt das konjugierte Verb und den Infinitiv:

ne n'	konjugiertes Verb	Infinitiv	personne

Elle est très timide, elle ne veut rencontrer personne.   *Sie ist sehr schüchtern, sie möchte niemanden treffen.*

3. Steht ein Reflexivpronomen, ein direktes oder indirektes Objektpronomen bzw. **en** oder **y** vor dem konjugierten Verb, so umschließt die Verneinung die Gruppe aus Pronomen und Verb:

ne n'	Pronomen	konjugiertes Verb	pas plus rien jamais personne etc.

Il ne lui a pas téléphoné.   *Er hat ihn nicht angerufen.*

4. In zusammengesetzten Zeiten umschließen die Verneinungselemente das Hilfsverb, außer bei der Verneinung **ne … personne**:

ne n'	avoir/être	**pas** **plus** **rien** **jamais** etc.	Partizip

Tu n'as pas vu le Petit Chaperon rouge ?   *Hast du Rotkäppchen nicht gesehen?*

Ne … personne umschließt das Hilfsverb und das Partizip:

ne n'	avoir/être	Partizip	**personne**

Non, je n'ai vu personne.   *Nein, ich habe niemanden gesehen.*

LEICHT GEMERKT

Hier finden Sie noch einmal die Stellung der Verneinungselemente in der Übersicht, die für alle Elemente außer **personne** gilt:

- einfache Zeiten:
  ne (+ **en/y**) + konjugiertes Verb + **pas/plus/rien/jamais** (+ Infinitiv)

- zusammengesetzte Zeiten :
  ne + konjugiertes Hilfsverb + **pas/plus/rien/jamais** + Partizip

Für die Verneinung mit **personne** gilt:
ne + konjugiertes Verb/Hilfsverb (+ Infinitiv) + **personne**

---

3. Die Verneinung in Verbindung mit Mengen

Bei Verneinungen in Verbindung mit Mengenangaben drückt die Verneinung die Menge Null aus.
Zwischen der Verneinung und dem folgenden Substantiv steht **de**.
Vor Vokal und stummem **h** wird **de** zu **d'**:

Je	n'	ai	**pas**	**d'**	**oranges.**	*keine*
			plus	**de**	**pommes.**	*keine … mehr*
			jamais	**de**	**viande.**	*nie*

Un, une oder des werden in der Verneinung zu de:

Est-ce qu'il y a | un | restaurant
 | une | école | près d'ici?
 | des | hôtels

Gibt es hier in der Nähe ein Restaurant/ eine Schule/ Hotels?

– Non, monsieur, il n'y a pas | de | restaurant
 | d' | école | près d'ici.
 | d' | hôtels

– Nein, es gibt hier in der Nähe kein Restaurant/ keine Schule/ keine Hotels.

Werden jedoch die Verben **être, aimer** oder **détester** verneint, so steht kein **de**. Bei **aimer** und **détester** folgt der bestimmte Artikel:

Je n'aime pas les oranges. *Ich mag keine Orangen.*
Je ne déteste pas les poires. *Ich hasse Birnen nicht.*

Bei **être** folgt der unbestimmte Artikel:

Est-ce que c'est un chien? *Ist das ein Hund?*
– Non, ce n'est pas un chien. *– Nein, das ist kein Hund.*
 C'est un chat. *Das ist eine Katze.*
Est-ce que ce sont des *Sind das billige Erdbeeren?*
fraises bon marché?
– Non, ce ne sont pas des fraises *– Nein, das sind keine billigen*
 bon marché. *Erdbeeren.*
 Elles sont chères. *Sie sind teuer.*

Merken Sie sich, dass bei der Verneinung **ne** immer *vor* dem konjugierten Verb steht und **pas, plus, jamais** usw. *nach* dem konjugierten Verb folgen:

Je ne dors pas. *Ich schlafe nicht.*
Je n'ai pas dormi. *Ich habe nicht geschlafen.*
Je ne vais pas dormir. *Ich werde nicht schlafen.*

Il ne travaille plus. *Er arbeitet nicht mehr.*
Il n'avait plus travaillé. *Er hatte nicht mehr gearbeitet.*
Il n'aurait plus travaillé. *Er hätte nicht mehr gearbeitet.*

Ils ne s'énervent jamais. *Sie regen sich nie auf.*
Ils ne se sont jamais énervés. *Sie haben sich nie aufgeregt.*
Ils ne se seront jamais énervés. *Sie werden sich nie aufgeregt haben.*

LEICHT GEMERKT

71

Die Verneinung mit **ne ... personne** bildet eine Ausnahme. In Infinitiv-konstruktionen und in zusammengesetzten Zeiten folgt **personne** *nach* dem Infinitiv bzw. *nach* dem Partizip Perfekt:

Je **ne** vois **personne**.	*Ich sehe niemanden.*
Je **n'ai vu** **personne**.	*Ich habe niemanden gesehen.*
Je **ne** vais voir **personne**.	*Ich werde niemanden sehen.*

LE VERBE – *DAS VERB*

1. Die Bildung der Verben auf *-er* im Präsens

Die regelmäßigen Verben auf *-er*

 Es lohnt sich, die Konjugation der Verben auf **-er** zu lernen, da die meisten dieser Verben regelmäßig sind und sie rund 90% der französischen Verben ausmachen.

Die Konjugation der Verben auf **-er** lautet im Präsens wie folgt:

parler *(sprechen)*			
je	parl**e**	*ich*	*spreche*
tu	parl**es**	*du*	*sprichst*
il		*er*	*spricht*
elle	parl**e**	*sie*	*spricht*
on		*man*	*spricht*
nous	parl**ons**	*wir*	*sprechen*
vous	parl**ez**	*ihr/ Sie*	*sprechen*
ils		*sie* (männlich)	*sprechen*
elles	parl**ent**	*sie* (weiblich)	*sprechen*

Die Verben auf **-er** haben die Endungen **-e, -es, -e, -ons, -ez, -ent**. Allerdings kann man in der gesprochenen Sprache nur die Endungen **-ons** und **-ez** hören, da alle anderen Endungen fast stumm sind.

LEICHT GEMERKT

Überlegen Sie, welche Verben auf **-er** Ihnen einfallen und bilden Sie ihr Präsens. Versuchen Sie dabei, alle Personen zu berücksichtigen und lernen Sie den Text als Muster auswendig. Es könnte z. B. so aussehen:

Moi, je regarde la télé. Et toi, tu écoutes de la musique ? Lui, il discute avec sa sœur pendant qu'elle, elle cuisine.

Ich schaue fern. Und du, hörst du Musik? Er diskutiert mit seiner Schwester, während sie kocht.

Nous jouons aux cartes. Vous jouez avec nous ?

Wir spielen Karten. Spielt ihr mit uns?

Eux, ils attendent le bus et elles, elles téléphonent à leurs amies.

Sie warten auf den Bus und sie telefonieren mit ihren Freundinnen.

Die Verben auf *-er* mit Besonderheiten in der Schreibweise

Die Verben, die auf **-cer** und **-ger** enden, weisen Besonderheiten im Schriftbild auf:

commencer *(beginnen)*		**manger** *(essen)*	
je	commence	je	mange
tu	commences	tu	manges
il		il	
elle }	commence	elle }	mange
on		on	
nous	commençons	nous	mangeons
vous	commencez	vous	mangez
ils }		ils }	
elles }	commencent	elles }	mangent

 Damit die Aussprache des Stammes immer erhalten bleibt, wird bei den Verben:

- auf **-cer** in der 1. Person Plural **-c-** zu **-ç-**.
- auf **-ger** in der 1. Person Plural **-g-** zu **-ge-**.

Die Verben auf *-ayer, -oyer* und *-uyer*

Die Konjugation der Verben auf **-ayer** lautet wie folgt:

payer *(bezahlen)*	
je	paie/paye
tu	paies/payes
il	
elle }	paie/paye
on	
nous	payons
vous	payez
ils }	
elles }	paient/payent

Bei den Verben, die auf **-ayer** enden, wird meist das **-y-** in der 1., 2. und 3. Person Singular sowie in der 3. Person Plural zu **-i-**. Die Formen mit **-y-** existieren jedoch ebenfalls.

LEICHT GEMERKT

Einige andere Verben auf **-ayer**, mit denen Sie die Konjugation üben können, sind z. B. **essayer** (*versuchen*), **balayer** (*fegen*), **bégayer** (*stottern*), **effrayer** (*erschrecken*), **égayer** (*erheitern*).

Das Konjugationsmuster der Verben, die auf **-oyer** und **-uyer** enden, lautet wie folgt:

nettoyer (*putzen*)		**essuyer** (*abtrocknen*)	
je	nettoie	j'	essuie
tu	nettoies	tu	essuies
il		il	
elle }	nettoie	elle }	essuie
on		on	
nous	nettoyons	nous	essuyons
vous	nettoyez	vous	essuyez
ils }		ils }	
elles	nettoient	elles	essuient

Bei den Verben auf **-oyer** und **-uyer** wird das **-y-** in der 1., 2. und 3. Person Singular sowie in der 3. Person Plural zu **-i-**.

Verben auf -er mit stamm- und endungsbetonten Formen

Einige Verben auf **-er** ändern ihren Verbstamm, je nachdem, ob es sich um stammbetonte Formen (1., 2. und 3. Person Singular sowie 3. Person Plural) oder endungsbetonte Formen (1. und 2. Person Plural) handelt.

1. Wenn man die Endung fast nicht hört, erhält das **-e** des Stammes einen Akzent:

acheter (*kaufen*)	
j'	achète
tu	achètes
il	
elle }	achète
on	
nous	achetons
vous	achetez
ils }	achètent
elles	

Nach diesem Konjugationsmuster werden auch folgende Verben konjugiert:
enlever (*wegnehmen*), **lever** (*hochheben/aufheben*), **mener** (*hinführen*), **peser** (*wiegen*) usw.

2. Andere Verben verdoppeln im Stamm einen Konsonanten, wenn die Form stammbetont ist:

jeter *(werfen)*	
je	**jette**
tu	**jettes**
il elle on	**jette**
nous	**jetons**
vous	**jetez**
ils elles	**jettent**

Nach diesem Konjugationsmuster werden auch folgende Verben konjugiert:
s'appeler *(heißen)*, **se rappeler** *(sich erinnern)*, **épeler** *(buchstabieren)*, **projeter** *(projizieren / planen)* usw.

3. Verben, die auf **-é...er** enden, haben in den stammbetonten Formen ein **-è-** und in den endungsbetonten Formen ein **-é-**:

préférer *(lieber mögen)*	
je	**préfère**
tu	**préfères**
il elle on	**préfère**
nous	**préférons**
vous	**préférez**
ils elles	**préfèrent**

Nach diesem Konjugationsmuster werden auch folgende Verben konjugiert:
compléter *(vervollständigen)*, **espérer** *(hoffen)*, **répéter** *(wiederholen)*, **exagérer** *(übertreiben)* usw.

LEICHT GEMERKT

Für alle 3 Verbkategorien kann man sich merken, dass nur die 1. und 2. Personen Plural den gleichen Stamm behalten wie das Infinitiv, alle anderen ändern ihren Stamm:

acheter	**nous achetons**	**j'achète**	**ils achètent**
jeter	**vous jetez**	**tu jettes**	**ils jettent**
préférer	**nous préférons**	**je préfère**	**ils préfèrent**

2. Die Bildung der Verben auf *-ir* im Präsens

Die Verben auf **-ir** werden in Verben mit und ohne Stammerweiterung unterteilt. Insgesamt gibt es ungefähr 300 Verben, die auf **-ir** enden.

Lernen Sie bei jedem Verb, das auf **-ir** endet, gleich mit, ob es sich um ein Verb mit oder ohne Stammerweiterung handelt.

Verben auf *-ir* ohne Stammerweiterung

Die Verben auf **-ir** ohne Stammerweiterung haben im Präsens die Endungen **-s, -s, -t, -ons, -ez, -ent**. In der 1., 2. und 3. Person Singular fällt der Endkonsonant weg:

partir *(weggehen/abreisen)*	
je	pars
tu	pars
il elle on	part
nous	partons
vous	partez
ils elles	partent

Nach diesem Konjugationsmuster werden auch folgende Verben konjugiert: **dormir** *(schlafen)*, **mentir** *(lügen)*, **sentir** *(fühlen)*, **sortir** *(hinausgehen,/ ausgehen)* usw.

Verben auf *-ir* mit Stammerweiterung

Die Verben auf **-ir** mit Stammerweiterung haben dieselben Endungen wie die Verben ohne Stammerweiterung. Sie enden auf **-s, -s, -t, -ons, -ez, -ent**. Außerdem wird in der 1., 2. und 3. Person Plural **-iss-** vor der Endung hinzugefügt:

finir *(beenden)*	
je	finis
tu	finis
il elle on	finit
nous	finissons
vous	finissez
ils elles	finissent

Nach diesem Konjugationsmuster werden auch folgende Verben konjugiert: **applaudir** *(applaudieren)*, **choisir** *(auswählen)*, **réussir** *(Erfolg haben)*, **réfléchir** *(nachdenken)* usw.

Für die Verben mit Endung auf -ir, können Sie sich also folgende Endungen merken:

ohne Stammerweiterung	**partir**	**-s, -s, -t, -ons, -ez, -ent**
mit Stammerweiterung	**finir**	**-s, -s, -t, -ssons, -ssez, -ssent**

3. Die Bildung der Verben auf *-re* im Präsens

Diese Verbgruppe umfasst ungefähr 180 Verben, wovon viele unregelmäßig sind. Es ist deshalb ratsam, zu jedem neu gelernten Verb die Konjugation gleich mitzulernen.

lire *(lesen)*	
je	**lis**
tu	**lis**
il	
elle	**lit**
on	
nous	**lisons**
vous	**lisez**
ils	
elles	**lisent**

Die Verben auf **-re** enden in der Regel auf **-s, -s, -t, -ons, -ez, -ent**.
Da sie aber oft einen unregelmäßigen Stamm haben, muss man jedes Verb einzeln lernen.

Die Verben auf *-dre* im Präsens

attendre *(warten)*	
j'	**attends**
tu	**attends**
il	
elle	**attend**
on	
nous	**attendons**
vous	**attendez**
ils	
elles	**attendent**

Das Konjugationsmuster der Verben auf **-dre** ist ähnlich, bis auf eine Ausnahme: Die Verben auf **-dre** haben die Endungen **-s, -s, -, -ons, -ez, -ent**, d.h. dass in der 3. Person Singular bei diesen Verben keine Endung angehängt wird. Ähnlich werden **entendre** *(verstehen)*, **perdre** *(verlieren)*, **vendre** *(verkaufen)* usw. gebildet.

4. Die wichtigsten unregelmäßigen Verben im Präsens

Infinitiv	Verbformen				Einige weitere Verben nach dem gleichen Muster
avoir (*haben*)	j' tu il elle on	ai as a	nous vous ils elles	avons avez ont	
être (*sein*)	je tu il elle on	suis es est	nous vous ils elles	sommes êtes sont	
aller (*gehen*)	je tu il elle on	vais vas va	nous vous ils elles	allons allez vont	
boire (*trinken*)	je tu il elle on	bois bois boit	nous vous ils elles	buvons buvez boivent	
conduire (*fahren*)	je tu il elle on	conduis conduis conduit	nous vous ils elles	conduisons conduisez conduisent	**construire** (*bauen*), **cuire** (*kochen*), **traduire** (*übersetzen*)
connaître (*kennen*)	je tu il elle on	connais connais connaît	nous vous ils elles	connaissons connaissez connaissent	**disparaître** (*verschwinden*), **paraître** (*scheinen/erscheinen*)

courir (rennen)	je tu il elle on	cours cours court	nous vous ils elles	courons courez courent	**concourir** (beitragen), **parcourir** (durchlaufen)
craindre (fürchten)	je tu il elle on	crains crains craint	nous vous ils elles	craignons craignez craignent	**atteindre** (erreichen), **contraindre** (zwingen), **joindre** (verbinden), **se plaindre** (sich beklagen)
croire (glauben)	je tu il elle on	crois crois croit	nous vous ils elles	croyons croyez croient	
devoir (müssen/ schulden)	je tu il elle on	dois dois doit	nous vous ils elles	devons devez doivent	
dire (sagen)	je tu il elle on	dis dis dit	nous vous ils elles	disons dites disent	**contredire** (widersprechen), **interdire** (verbieten)
écrire (schreiben)	j' tu il elle on	écris écris écrit	nous vous ils elles	écrivons écrivez écrivent	**décrire** (beschreiben), **inscrire** (eintragen)
faire (machen)	je tu il elle on	fais fais fait	nous vous ils elles	faisons faites font	
falloir (müssen)	il	faut			

mettre *(setzen/ stellen/ legen)*	je tu il elle on	mets mets met	nous vous ils elles	mettons mettez mettent	**permettre** *(erlauben),* **promettre** *(versprechen),* **transmettre** *(übertragen)*
mourir *(sterben)*	je tu il elle on	meurs meurs meurt	nous vous ils elles	mourons mourez meurent	
offrir *(anbieten/ schenken)*	j' tu il elle on	offre offres offre	nous vous ils elles	offrons offrez offrent	**découvrir** *(entdecken),* **ouvrir** *(öffnen),* **souffrir** *(leiden)*
plaire *(gefallen)*	je tu il elle on	plais plais plaît	nous vous ils elles	plaisons plaisez plaisent	
pleuvoir *(regnen)*	il	pleut			
pouvoir *(können/ dürfen)*	je tu il elle on	peux peux peut	nous vous ils elles	pouvons pouvez peuvent	
prendre *(nehmen)*	je tu il elle on	prends prends prend	nous vous ils elles	prenons prenez prennent	**comprendre** *(verstehen),* **surprendre** *(überraschen)*
recevoir *(empfangen/ erhalten)*	je tu il elle on	reçois reçois reçoit	nous vous ils elles	recevons recevez reçoivent	

rire (lachen)	je tu il elle on	ris ris rit	nous vous ils elles	rions riez rient	
savoir (wissen)	je tu il elle on	sais sais sait	nous vous ils elles	savons savez savent	
suivre (folgen)	je tu il elle on	suis suis suit	nous vous ils elles	suivons suivez suivent	**poursuivre** (verfolgen)
venir (kommen)	je tu il elle on	viens viens vient	nous vous ils elles	venons venez viennent	**appartenir** (gehören), **devenir** (werden), **soutenir** (unterstützen), **tenir** (halten)
valoir (gelten/ Wert sein)	je tu il elle on	vaux vaux vaut	nous vous ils elles	valons valez valent	
vivre (leben)	je tu il elle on	vis vis vit	nous vous ils elles	vivons vivez vivent	**survivre** (überleben)
voir (sehen)	je tu il elle on	vois vois voit	nous vous ils elles	voyons voyez voient	
vouloir (wollen)	je tu il elle on	veux veux veut	nous vous ils elles	voulons voulez veulent	

Folgendes zur Konjugation der regelmäßigegn Verben im Präsens ist wichtig:

- Es gibt die Verben auf **-er**, von denen einige ihren Stamm bei einigen Personen ändern: Verben auf **-cer** und **-ger**, Verben auf **-ayer**, **-oyer** und **-uyer** sowie Verben auf **-eter**, **-ever**, **-ener**, **-eler**, **-érer**, **-éter**.
- Die Verben auf **-ir** können in zwei Kategorien unterteilt werden, mit oder ohne Stammerweiterung, und werden dementsprechend mit unterschiedlichen Endungen konjugiert.
- Die Verben auf **-re** haben regelmäßige Endungen (**-s, -s, -t, -ons, -ez, -ent**), müssen aber immer einzeln gelernt werden, weil sie häufig einen unregelmäßigen Stamm haben.

Viele sehr gebräuchliche Verben (**avoir, être, aller, prendre, pouvoir, vouloir, savoir, devoir, voir** etc.) werden ganz unregelmäßig konjugiert und müssen einzeln gelernt werden. Insbesondere die beiden Hilfsverben **avoir** und **être** sind wichtig, weil man sie im Präsens für die Konjugation des Passé composé braucht.

5. Die Bildung der reflexiven Verben

Die reflexiven Verben haben ein Reflexivpronomen bei sich, das sich auf das Subjekt bezieht. Ansonsten werden sie wie alle anderen Verben behandelt.

Im Gegensatz zum Deutschen stehen die Reflexivpronomen im Französischen vor dem konjugierten Verb:

s'habiller *(sich anziehen)*			**se laver** *(sich waschen)*		
je	m'	habille	je	me	lave
tu	t'	habilles	tu	te	laves
il			il		
elle	s'	habille	elle	se	lave
on			on		
nous	nous	habillons	nous	nous	lavons
vous	vous	habillez	vous	vous	lavez
ils			ils		
elles	s'	habillent	elles	se	lavent

Die Reflexivpronomen lauten **me, te, se, nous, vous** und **se.**
Me, te und **se** werden vor Vokal oder stummem **h** zu **m', t'** und **s'**.

 Nicht jedes französische reflexive Verb ist auch im Deutschen reflexiv und umgekehrt, zum Beispiel: **s'appeler** *(heißen),* **se promener** *(spazieren gehen),* aber **bouger** *(sich bewegen).*

So funktioniert die Konjugation eines Reflexivverbes auf Französisch:
Personalpronomen + **me/te/se/nous/vous/se** + konjugiertes Verb

Weitere Verben, die auf Französisch reflexiv sind, im Deutschen aber nicht oder anders herum, finden Sie hier:

se marier	*heiraten*
se lever	*aufstehen*
s'endormir	*einschlafen*
se coucher	*ins Bett gehen*
s'arrêter	*anhalten, aufhören*
changer	*sich (ver)ändern*
divorcer	*sich scheiden lassen*

6. Die Bildung des Imparfait

Die Formen des Imparfait sehen wie folgt aus:

regarder *(anschauen)*	
je	**regard**ais
tu	**regard**ais
il	
elle }	**regard**ait
on	
nous	**regard**ions
vous	**regard**iez
ils	
elles }	**regard**aient

Das Imparfait wird gebildet, indem man an den Stamm der 1. Person Plural Präsens der regelmäßig und unregelmäßig gebildeten Verben die Imparfaitendungen **-ais, -ais,**
-ait, -ions, -iez und **-aient** anhängt.

Hier finden Sie eine schematische Darstellung der Bildung des Imparfait:

Infinitiv	1. Person Plural Präsens		Imparfait	
parler	nous parl	ons	je	parlais
prendre	nous pren	ons	tu	prenais
aller	nous all	ons	il	allait
dormir	nous dorm	ons	nous	dormions
finir	nous finiss	ons	vous	finissiez
faire	nous fais	ons	ils	faisaient

Das Imparfait ist eine lernerfreundliche Zeit, weil nur **être** unregelmäßig ist:

être	j'	étais	nous	étions
	tu	étais	vous	étiez
	il/elle/on	était	ils/elles	étaient

Hier noch einmal die Endungen des Imparfaits auf einem Blick:

-ais, -ais, -ait, -ions, -iez, -aient

Sie gelten für alle Verben!

LEICHT GEMERKT

Die Verben, die auf **-cer** und **-ger** enden, weisen Besonderheiten bei der Schreibweise des Imparfait auf:

commencer *(anfangen)*		manger *(essen)*	
je	commençais	je	mangeais
tu	commençais	tu	mangeais
il elle on	commençait	il elle on	mangeait
nous	commencions	nous	mangions
vous	commenciez	vous	mangiez
ils elles	commençaient	ils elles	mangeaient

Damit die Aussprache des Stammes immer erhalten bleibt, wird bei den Verben:

- – auf **-cer** bei **je, tu, il, elle, on, ils** und **elles -c-** zu **-ç-**.
- – auf **-ger** bei **je, tu, il, elle, on, ils** und **elles -g-** zu **-ge-**.

7. Die Bildung des Passé composé

Die Formen des Passé composé mit *avoir* und *être*

Das Passé composé setzt sich aus einer Präsensform von **avoir** oder **être** und dem Partizip Perfekt des jeweiligen Verbs zusammen.

parler (sprechen)			**arriver** (ankommen)		
j'	ai	parlé	je	suis	arrivé/arrivée
tu	as	parlé	tu	es	arrivé/arrivée
il			il		arrivé
elle	a	parlé	elle	est	arrivée
on			on		arrivé(s)/arrivée(s)
nous	avons	parlé	nous	sommes	arrivés/arrivées
vous	avez	parlé	vous	êtes	arrivés/arrivées
ils	ont	parlé	ils	sont	arrivés
elles			elles		arrivées

Bei der Bildung des Passé composé mit **avoir** bleibt das Partizip Perfekt in der Regel unveränderlich, außer es geht ein direktes Objekt voraus (▶ Seite 74).

Wird das Passé composé jedoch mit **être** gebildet, so gleicht sich das Partizip Perfekt in Geschlecht und Zahl dem Subjekt des Satzes an. Bezieht sich das Partizip Perfekt auf ein Subjekt, das aus unterschiedlichem Genus besteht, so richtet es sich nach dem Männlichen, z. B.:

Marc et Marie sont allés à la piscine.   *Marc und Marie sind ins Schwimmbad gegangen.*

Hier finden Sie die Formel zur Bildung des Passé composé:

avoir/être im Präsens + **Participe passé**

Die Bildung des Passé composé mit *avoir* oder *être*

Die Verwendung beim Perfekt von *haben* und *sein* verhält sich anders als im Deutschen, z. B.:

J'ai été à la piscine.	*Ich bin im Schwimmbad gewesen.*
J'ai beaucoup voyagé.	*Ich bin viel gereist.*

1. Die meisten Verben bilden das Passé composé mit **avoir**:

Hier, Pierre a préparé le repas. Puis, il a mangé.	*Gestern hat Pierre das Essen gemacht. Dann hat er gegessen.*

2. Einige wenige Verben bilden das Passé composé mit **être**: Dazu gehören einige Verben der Bewegungsrichtung oder des Verweilens, z. B. **aller, arriver, entrer, partir, rester, rentrer, tomber, venir** und **revenir**:

Hier, je suis allé(e) à Paris. Je suis arrivé(e) vers dix heures.	*Gestern bin ich nach Paris gefahren. Ich bin gegen 10 Uhr angekommen.*

Die Verben **naître, devenir, mourir** und **décéder** bilden das Passé composé ebenfalls mit **être**:

Il est né en 1960.	*Er ist 1960 geboren.*

Ebenso mit **être** wird das Passé composé sämtlicher reflexiver Verben gebildet:

Elle s'est réveillée. Puis, elle s'est levée.	*Sie ist aufgewacht. Dann ist sie aufgestanden.*

Aber aufgepasst! Wenn dem reflexiven Verb ein direktes Objekt folgt, so bleibt das Partizip Perfekt unverändert, z. B.:

Elle s'est lavée.	aber:	**Elle s'est lavé les mains.**
Sie hat sich gewaschen.		*Sie hat sich die Hände gewaschen.*

3. Es gibt einige wenige Verben, die das Passé composé mit **avoir** oder mit **être** bilden.
   Die Verben **monter, descendre, sortir, entrer** und **rentrer** bilden das Passé composé
   – in der Regel mit être: **Elle est descendue du train.**
   Sie ist aus dem Zug ausgestiegen.
   – mit avoir, wenn ihnen ein direktes Objekt folgt: **Elle a descendu la valise du train.**
   Sie hat den Koffer aus dem Zug ausgeladen.

Die Veränderlichkeit des Partizip Perfekts bei der Bildung des Passé composé mit *avoir*

In der Regel bleibt das Partizip Perfekt bei der Bildung des Passé composé mit **avoir** unverändert:

Nous avons vu Julie.	*Wir haben Julie gesehen.*

Geht dem Passé composé jedoch ein direktes Objekt voraus, so wird das Partizip Perfekt in Geschlecht und Zahl dem direkten Objekt angeglichen.

Das direkte Objekt kann ein direktes Objektpronomen, z. B. **me, te, le, la, nous, vous** oder **les** sein. Es kann aber auch in Form des Relativpronomens **que** vorausgehen:

Est-ce que vous avez vu Julie?	*Habt ihr Julie gesehen?*
Oui, nous l'avons vue.	*Ja, wir haben sie gesehen.*
C'est Julie **que nous avons vue.**	*Es ist Julie, die wir gesehen haben.*
J'ai acheté les chaussures.	*Ich habe die Schuhe gekauft.*
Je les **ai achetées.**	*Ich habe sie gekauft.*
Ce sont les chaussures que **j'ai achetées.**	*Das sind die Schuhe, die ich gekauft habe.*

LEICHT GEMERKT

Merken Sie sich diese Regeln zur Verwendung von **avoir** oder **être**:

- mit **avoir**: die meisten Verben, Partizip unveränderlich, außer bei vorangestelltem direktem Objekt
- Verben der Bewegungsrichtung/des Verweilens mit **être + naître, mourir, devenir,** Partizip gleicht sich dem Subjekt an
- Einige Verben mit **être** oder **avoir** je nach Bedeutung (**monter, entrer**...)

---

8. Die Bildung des Plusquamperfekts

Das Plusquamperfekt (Plus-que-parfait) setzt sich aus der Imparfaitform von **avoir** oder **être** und dem Partizip Perfekt des jeweiligen Verbs zusammen.

lire *(lesen)*			rester *(bleiben)*		
j'	avais	lu	j'	étais	resté/restée
tu	avais	lu	tu	étais	resté/restée
il			il		resté
elle	avait	lu	elle	était	restée
on			on		resté(s)/restée(s)
nous	avions	lu	nous	étions	restés/restées
vous	aviez	lu	vous	étiez	restés/restées
ils	avaient	lu	ils	étaient	restés
elles			elles		restées

Bei der Bildung des Plusquamperfekts mit **avoir** bleibt das Partizip Perfekt in der Regel unveränderlich.

Wird das Plusquamperfekt jedoch mit **être** gebildet, so gleicht sich das Partizip Perfekt in Geschlecht und Zahl dem Subjekt des Satzes an. Bezieht sich das Partizip Perfekt auf ein Subjekt, das aus unterschiedlichem Genus besteht, so richtet es sich nach dem Männlichen, z. B.:

Marc et Marie étaient allés à la piscine.
Marc und Marie waren ins Schwimmbad gegangen.

Wenn Sie die Bildung des Passé composé beherrschen, dann wissen Sie jetzt auch schon, wann das Plusquamperfekt mit **avoir** und wann mit **être** gebildet wird. Die Regel ist nämlich dieselbe. Auch die Besonderheiten bei der Veränderlichkeit des Partizip Perfekts bei der Bildung mit **avoir** sind identisch. Ist das nicht fantastisch?

Le français, ce n'est pas trop difficile !
Französisch ist nicht so schwierig!

Den Gebrauch von **avoir** und **être** und die Regeln zur Veränderlichkeit von **être** und **avoir** entnehmen Sie bitte dem Kapitel ▶ „Die Bildung des Passé composé", da die Bildung des Plusquamperfekts analog zur Bildung des Perfekts erfolgt.

Hier finden Sie die Formel zur Bildung des Plumquamperfekts:

avoir/être im Imparfait + **Participe passé**

LEICHT GEMERKT

9. Die Bildung des Passé simple

Das Passé simple existiert in der deutschen Sprache nicht.

Die regelmäßigen Formen des *Passé simple*

Person	parler	attendre	choisir	croire
je/j'	parlai	attendis	choisis	crus
tu	parlas	attendis	choisis	crus
il/elle/on	parla	attendit	choisit	crut
nous	parlâmes	attendîmes	choisîmes	crûmes
vous	parlâtes	attendîtes	choisîtes	crûtes
ils/elles	parlèrent	attendirent	choisirent	crurent

Die regelmäßigen Verben auf **-er** bilden das Passé simple, indem folgende Endungen an den Stamm des Infinitivs angehängt werden:

-ai, -as, -a, -âmes, -âtes, -èrent

Die regelmäßigen Verben auf **-re** und **-ir** bilden das Passé simple, indem folgende Endungen an den Stamm des Infinitivs angehängt werden:

-is, -is, -it, -îmes, -îtes, -irent

Einige meist unregelmäßige Verben, so z. B. Verben, die auf **-oire** oder **-oir** enden (aber auch andere), haben folgende Endungen:

-us, -us, -ut, -ûmes, -ûtes, -urent

Das Passé simple erscheint insgesamt etwas schwierig, auch für Franzosen, weil man es meist nur in der geschriebenen Sprache, hauptsächlich in der 3. Person, findet (siehe Gebrauch des Passé simple). Andererseits sind die etwas fremd klingenden Endungen auch ein Zeichen dafür, dass es sich ums Passé simple handelt:

- **-ais -as, -a, -âmes, -âtes, -èrent**
- **-is, -is, -it, -îmes, -îtes, -irent**
- **-us, -us, -ut, -ûmes, -ûtes, -urent**

Versuchen Sie selbst, einige zu bilden!

Wichtige unregelmäßige Formen im *Passé simple*

1. Unregelmäßige Verben mit den Endungen auf **-us, -ut** usw.

avoir	j' nous	eus eûmes	tu vous	eus eûtes	il/elle/on ils/elles	eut eurent
être	je nous	fus fûmes	tu vous	fus fûtes	il/elle/on ils/elles	fut furent
boire	je nous	bus bûmes	tu vous	bus bûtes	il/elle/on ils/elles	but burent
lire	je nous	lus lûmes	tu vous	lus lûtes	il/elle/on ils/elles	lut lurent
pouvoir	je nous	pus pûmes	tu vous	pus pûtes	il/elle/on ils/elles	put purent
recevoir	je nous	reçus reçûmes	tu vous	reçus reçûtes	il/elle/on ils/elles	reçut reçurent
savoir	je nous	sus sûmes	tu vous	sus sûtes	il/elle/on ils/elles	sut surent
vivre	je nous	vécus vécûmes	tu vous	vécus vécûtes	il/elle/on ils/elles	vécut vécurent
vouloir	je nous	voulus voulûmes	tu vous	voulus voulûtes	il/elle/on ils/elles	voulut voulurent

2. Unregelmäßige Verben mit den Endungen auf **-is, -it** usw.

dire	je nous	dis dîmes	tu vous	dis dîtes	il/elle/on ils/elles	dit dirent
écrire	j' nous	écrivis écrivîmes	tu vous	écrivis écrivîtes	il/elle/on ils/elles	écrivit écrivirent
faire	je nous	fis fîmes	tu vous	fis fîtes	il/elle/on ils/elles	fit firent
mettre	je nous	mis mîmes	tu vous	mis mîtes	il/elle/on ils/elles	mit mirent
prendre	je nous	pris prîmes	tu vous	pris prîtes	il/elle/on ils/elles	prit prirent
voir	je nous	vis vîmes	tu vous	vis vîtes	il/elle/on ils/elles	vit virent

3. Die unregelmäßigen Verben **tenir** und **venir**

tenir	je	tins	tu	tins	il/elle/on	tint
	nous	tînmes	vous	tîntes	ils/elles	tinrent
venir	je	vins	tu	vins	il/elle/on	vint
	nous	vînmes	vous	vîntes	ils/elles	vinrent

Wie Sie gesehen haben, gibt es im Französischen viele Zeiten der Vergangenheit: einfache und zusammengesetzte Zeiten. Hier finden Sie alle in einem Überblick zusammengefasst:

• einfache Zeiten:

Imparfait regelmäßig	Passé simple zum großen Teil unregelmäßig
Stamm 1. P. Pl. + Endungen -ais, -ais, -ait, -ions, -iez, -aient einzige Ausnahme mit anderem Stamm: être	bei regelmäßiger Bildung Stamm Infinitiv + Endungen -ais -as, -a, -âmes, -âtes, -èrent -is, -is, -it, -îmes, -îtes, -irent -us, -us, -ut, -ûmes, -ûtes, -urent

Je faisais **mes devoirs quand il** arriva.
Ils sortirent **les poubelles pendant qu'elle** rangeait.

Ich machte gerade meine Hausaufgaben, als er kam.
Sie stellten den Müll heraus, während sie aufräumte.

• zusammengesetzte Zeiten:

Passé composé	Plusquamperfekt
avoir/être im Präsens + Partizip	**avoir/être** im Imparfait + Partizip
mit **avoir** bleibt das Partizip unveränderlich, außer bei vorangestelltem direktem Objekt mit **être** gleicht sich das Partizip dem Subjekt in Geschlecht und Zahl an	

J'ai vu **mon frère hier.**

Il était monté **dans le train et** avait disparu.

Gestern habe ich meinen Bruder gesehen.
Er war in den Zug gestiegen und war verschwunden.

10. Die Bildung des Futur composé

Die nahe Zukunft, das Futur composé, wird aus einer Präsensform von
aller und dem Infinitiv des jeweiligen Verbs gebildet:

je	vais	aller
tu	vas	chercher
il		
elle }	va	prendre
on		
nous	allons	rester
vous	allez	boire
ils }	vont	faire
elles		

Die Bildung der Formen des Futur composé ist der Bildung des deut-
schen Futurs sehr ähnlich.

Wundern Sie sich nicht, wenn Sie folgendes hören, auch wenn es beim
ersten Hinhören etwas merkwürdig klingt:

Nous allons aller faire les   *Wir werden einkaufen gehen.*
courses.

In diesem Fall wird das konjugierte Verb **aller** als Hilfsverb verwendet
und wird mit *werden* ins Deutsche übersetzt.

11. Die Bildung des Futurs I

Das Futur I oder Futur simple wird im Französischen in einem Wort aus-
gedrückt, während man für die deutsche Zukunft zwei Wörter benötigt,
wie das Beispiel zeigt:

Je voyagerai.   *Ich werde reisen.*

Die regelmäßigen Formen

regarder		attendre		écrire	
je	regarder**ai**	j'	attend**rai**	j'	écri**rai**
tu	regarder**as**	tu	attend**ras**	tu	écri**ras**
il elle on	regarder**a**	il elle on	attend**ra**	il elle on	écri**ra**
nous	regarder**ons**	nous	attend**rons**	nous	écri**rons**
vous	regarder**ez**	vous	attend**rez**	vous	écri**rez**
ils elles	regarder**ont**	ils elles	attend**ront**	ils elles	écri**ront**

Die Futurendungen lauten:
-rai, -ras, -ra, -rons, -rez, -ront

Kennen Sie schon die Präsensformen von **avoir**? Dann werden Ihnen die Futurendungen sehr bekannt vorkommen. Sie entsprechen den Präsensformen von **avoir** mit einem **-r** davor, außer bei **nous** und **vous**.

1. Bei den Verben auf **-er** wird das Futur simple gebildet, indem man an die 1. Person Singular Präsens die Futurendungen anhängt:

Infinitiv	1. Person Singular Präsens	Futur simple
parler	je **parle**	je **parler**ai
jeter →	je **jette** →	tu **jetter**as
acheter	j'**achète**	il **achèter**a

Eine Ausnahme bilden die Verben auf **-é...rer**.
Bei dieser Gruppe wird das Futur simple gebildet, indem man den Infinitiv ohne **-r** nimmt und die Futurendungen anhängt, z. B.:
espérer ▸ tu espéreras.

2. Bei den Verben auf **-re** wird das Futur simple gebildet, indem man die Futurendungen direkt an den Infinitivstamm anhängt:

Infinitivstamm	Infinitivendung	Futur simple
prend	re	je **prend**rai
li	re →	tu **li**ras
boi	re	il **boi**ra

3. Bei den Verben auf **-ir** wird das Futur simple gebildet, indem man das End-**r** des Infinitivs entfernt und die Futurendungen anhängt:

Infinitiv	Infinitiv ohne -r	Futur simple	
choisir	choisi	je	choisirai
partir ⟶	parti ⟶	tu	partiras
finir	fini	il	finira

Hier noch einmal die Endungen des Futurs I auf einem Blick:

-rai, -ras, -ra, -rons, -rez, -ront

Bilden Sie einen Satz pro Person, den Sie sich dann einprägen:

Je me lèverai à huit heures.   *Ich werde um 8 Uhr aufstehen.*
Tu viendras demain.   *Du wirst morgen kommen.*
...

Die unregelmäßigen Formen

Bei den unregelmäßigen Formen verändern sich die Stämme des Verbs. Die regelmäßigen Futurendungen bleiben erhalten:

avoir	j'	aurai	pleuvoir	il	pleuvra
être	tu	seras	pouvoir	je	pourrai
aller	il	ira	recevoir	tu	recevras
courir	elle	courra	savoir	il	saura
devoir	nous	devrons	tenir	elle	tiendra
envoyer	vous	enverrez	valoir	il	vaudra
faire	ils	feront	venir	nous	viendrons
falloir	il	faudra	voir	vous	verrez
mourir	il	mourra	vouloir	ils	voudront

12. Die Bildung des Futurs II

Das Futur II ist eine zusammengesetzte Zeit, deren Bildung ähnlich erfolgt wie die des Passé composé oder des Plusquamperfekts.

Das Futur II setzt sich aus der Futurform von **avoir** oder **être** und dem Partizip Perfekt des jeweiligen Verbs zusammen:

parler			arriver		
j'	aurai	parlé	je	serai	arrivé/arrivée
tu	auras	parlé	tu	seras	arrivé/arrivée
il			il		arrivé
elle }	aura	parlé	elle }	sera	arrivée
on			on		arrivé(s)/arrivée(s)
nous	aurons	parlé	nous	serons	arrivés/arrivées
vous	aurez	parlé	vous	serez	arrivés/arrivées
ils }	auront	parlé	ils }	seront	arrivés
elles			elles		arrivées

Bei der Bildung des Futurs II mit **avoir** bleibt das Partizip Perfekt in der Regel unveränderlich.
Wird das Futur II mit **être** gebildet, so gleicht sich das Partizip Perfekt in Geschlecht und Zahl dem Subjekt an.
Bezieht sich das Partizip Perfekt auf ein Subjekt, das aus unterschiedlichem Genus besteht, so richtet es sich nach dem Männlichen.

Das Kapitel ▶ „Die Bildung des Passé composé" informiert über den Gebrauch von **avoir** und **être** und die Veränderlichkeit des Partizips Perfekt.

LEICHT GEMERKT

Für die Zukunft gibt es im Französischen 3 unterschiedliche Formen: das Futur composé, das Futur I und das Futur II. Hier finden Sie alle in einem Überblick zusammengefasst:

• einfache Zeit:

Futur I viele regelmäßig
mit folgenden Endungen: **-rai, -ras, -ra, -rons, -rez, -ront**

Nous partirons en vacances aux Seychelles en juin.

Im Juni werden wir auf die Seychellen in Urlaub fahren.

• zusammengesetzte Zeiten:

Futur composé	Futur II
aller im Präsens + Infinitiv	**avoir/être** im Futur I + Partizip

Ils vont aller au cinéma.
Ils seront sans doute allés au cinéma.

Sie werden ins Kino gehen.
Sie werden wahrscheinlich ins Kino gegangen sein.

13. Die Bildung des Konditionals I

Die regelmäßigen Formen

regarder		attendre		écrire	
je	regarde**rais**	j'	attend**rais**	j'	écri**rais**
tu	regarde**rais**	tu	attend**rais**	tu	écri**rais**
il elle on	regarde**rait**	il elle on	attend**rait**	il elle on	écri**rait**
nous	regarde**rions**	nous	attend**rions**	nous	écri**rions**
vous	regarde**riez**	vous	attend**riez**	vous	écri**riez**
ils elles	regarde**raient**	ils elles	attend**raient**	ils elles	écri**raient**

Wenn Sie die Imparfaitendungen bereits beherrschen, bereitet Ihnen das Konditional keine Schwierigkeiten.
Nehmen Sie einfach die Imparfaitendungen und setzen Sie ein **-r** davor, dann haben Sie schon die Endungen des Konditionals.

Die Konditionalendungen lauten wie folgt:

-rais, -rais, -rait, -rions, -riez, -raient

1. Bei den Verben auf **-er** wird das Konditional gebildet, indem man an die 1. Person Singular Präsens die Konditionalendungen anhängt:

Infinitiv	1. Person Singular Präsens	Konditional I	
parler	je **parle**	je	**parler**rais
jeter ⟶	je **jette** ⟶	tu	**jetter**rais
acheter	j'**achète**	il	**achèter**rait

 Eine Ausnahme bilden die Verben auf **-é...rer**.
Bei dieser Gruppe wird das Konditional gebildet, indem man den Infinitiv ohne **-r** nimmt und die Konditionalendungen anhängt, z. B.:

espérer ▸ **tu espérerais.**

2. Bei den Verben auf **-re** wird das Konditional gebildet, indem man die Endungen direkt an den Infinitivstamm anhängt:

Infinitivstamm	Infinitivendung	Konditional I	
prend	re	je	**prend**rais
li	re ⟶	tu	**li**rais
boi	re	il	**boi**rait

3. Bei den Verben auf **-ir** wird das Konditional gebildet, indem man das End-**r** des Infinitivs entfernt und die Endungen anhängt:

Infinitiv	Infinitiv ohne -r	Konditional I	
choisir	**choisi**	je	**choisi**rais
partir ⟶	**parti** ⟶	tu	**parti**rais
finir	**fini**	il	**fini**rait

LEICHT GEMERKT

Prägen sie sich die Endungen des Konditionals gut ein, es sind die gleichen wie im Imparfait mit einem **-r** davor:

-rais, -rais, -rait, -rions, -riez, -raient

Die unregelmäßigen Formen

Bei den unregelmäßigen Formen verändern sich die Stämme des Verbs.
Die regelmäßigen Endungen des Konditionals bleiben erhalten:

avoir	j'	**au**rais	pleuvoir	il	**pleuv**rait
être	tu	**se**rais	pouvoir	je	**pour**rais
aller	il	**i**rait	recevoir	tu	**recev**rais
courir	elle	**cour**rait	savoir	il	**sau**rait
devoir	nous	**dev**rions	tenir	elle	**tiend**rait
envoyer	vous	**enver**riez	valoir	il	**vaud**rait
faire	ils	**fer**aient	venir	nous	**viend**rions
falloir	il	**faud**rait	voir	vous	**ver**riez
mourir	il	**mour**rait	vouloir	ils	**voud**raient

14. Die Bildung des Konditionals II

Das Konditional II ist eine zusammengesetzte Zeit, deren Bildung ähnlich erfolgt wie die des Passé composé oder des Plusquamperfekts.

Das Konditional II setzt sich aus der Konditionalform von **avoir** oder **être** und dem Partizip Perfekt des jeweiligen Verbs zusammen:

parler			arriver		
j'	aurais	parlé	je	serais	arrivé/arrivée
tu	aurais	parlé	tu	serais	arrivé/arrivée
il			il		arrivé
elle }	aurait	parlé	elle }	serait {	arrivée
on			on		arrivé(s)/arrivée(s)
nous	aurions	parlé	nous	serions	arrivés/arrivées
vous	auriez	parlé	vous	seriez	arrivés/arrivées
ils }			ils }		arrivés
elles }	auraient	parlé	elles }	seraient {	arrivées

Bei der Bildung des Konditionals II mit **avoir** bleibt das Partizip Perfekt in der Regel unveränderlich.
Wird das Konditional II jedoch mit **être** gebildet, so gleicht sich das Partizip Perfekt in Geschlecht und Zahl dem Subjekt des Satzes an. Bezieht sich das Partizip Perfekt auf ein Subjekt, das aus unterschiedlichem Genus besteht, so richtet es sich nach dem Männlichen.

Den Gebrauch von **avoir** und **être** und die Regeln zu deren Veränderlichkeit entnehmen Sie bitte dem Kapitel ▸ „Die Bildung des Passé composé", da die Bildung des Konditionals II analog zur Bildung des Passé composé erfolgt.

Wie bereits viele zusammengesetzte Zeiten wird das Konditional II so gebildet:

avoir/être im Konditional I + Partizip

15. Die Bildung des Partizips Perfekt

Die regelmäßige Bildung des Partizips Perfekt

Das Partizip Perfekt (Participe passé) der Verben

- auf **-er** wird gebildet, indem die Endung des Infinitivs, **-er**, durch **-é** ersetzt wird:

parl**er**	▸	parl**é**

- auf **-ir** wird gebildet, indem die Endung des Infinitivs, **-ir**, durch **-i** ersetzt wird:

dorm**ir**	▸	dorm**i**
chois**ir**	▸	chois**i**

- auf **-re** wird gebildet, indem die Endung des Infinitivs, **-re**, durch **-u** ersetzt wird:

attend**re**	▸	attend**u**

Die wichtigsten unregelmäßigen Partizipien

avoir	eu	être	été	prendre	pris
boire	bu	faire	fait	recevoir	reçu
conduire	conduit	falloir	fallu	résoudre	résolu
connaître	connu	lire	lu	rire	ri
courir	couru	mettre	mis	savoir	su

craindre	**craint**	mourir	**mort**	suivre	**suivi**
croire	**cru**	naître	**né**	valoir	**valu**
devoir	**dû**	ouvrir	**ouvert**	vivre	**vécu**
dire	**dit**	plaire	**plu**	voir	**vu**
écrire	**écrit**	pleuvoir	**plu**	vouloir	**voulu**

16. Die Bildung des Partizips Präsens

Das Partizip Präsens (Participe présent) wird gebildet, indem man an
die 1. Person Plural Präsens die Endung **-ant** anhängt:

Infinitiv	1. Person Plural Präsens			Partizip Präsens
parler	nous	**parl**	ons	**parlant**
dormir	nous	**dorm**	ons	**dormant**
choisir	nous	**choisiss**	ons	**choisissant**
attendre	nous	**attend**	ons	**attendant**

Es gibt nur ganz wenige unregelmäßige Formen:

avoir	**ayant**
être	**étant**
savoir	**sachant**

Hier finden Sie die Bildung der Partizipien auf einem Blick:

Partizip Perfekt	Partizip Präsens
Infinitivstamm + -é, -i, -u	Stamm 1. P. Pl. + -ant
viele unregelmäßige Formen	wenige unregelmäßige Formen

allé	*gegangen*	**allant**	*gehend*
fini	*beendet*	**finissant**	*abschließend*
attendu	*gewartet*	**attendant**	*wartend*
eu	*gehabt*	**ayant**	*der hat*
été	*gewesen*	**soyant**	*der ist*

LEICHT GEMERKT

17. Die Bildung des Gerundiums

Das Gerundium setzt sich aus der Präposition **en** und dem Partizip Präsens des jeweiligen Verbs zusammen. Das Gerundium ist unveränderlich:

Infinitiv	Gerundium	Infinitiv	Gerundium
être	**en** étant	attendre	**en** attendant
avoir	**en** ayant	dormir	**en** dormant
regarder	**en** regardant	finir	**en** finissant

18. Die Bildung des Imperativs

Befehl/Aufforderung Infinitiv	Du-Form	Wir-Form	Sie-Form/ Ihr-Form
parler	parle	parlons	parlez
descendre	descends	descendons	descendez
dormir	dors	dormons	dormez
choisir	choisis	choisissons	choisissez
faire	fais	faisons	faites

Der Befehl bzw. die Aufforderung an eine Person wird in der Du-Form erteilt. Die Du-Form entspricht der 1. Person Singular Präsens der Verben.

Die Wir-Form wird verwendet, wenn man einen Befehl an eine Gruppe erteilt, der man selbst angehört. Die Wir-Form entspricht der 1. Person Plural Präsens.

Der Befehl an eine Person, die man siezt, oder an mehrere Personen, die man duzt, wird in der Sie-Form bzw. Ihr-Form erteilt. Bei der Sie- bzw. Ihr-Form handelt es sich um ein und dieselbe Form, die der 2. Person Plural Präsens entspricht.

Die Regel gilt für regelmäßige und unregelmäßige Verben im Präsens.

Der Imperativ verfügt nur über wenige unregelmäßige Formen, die wir hier für Sie zusammengestellt haben:

Infinitiv	Du-Form	Wir-Form	Sie-Form/Ihr-Form
avoir	**aie**	**ayons**	**ayez**
être	**sois**	**soyons**	**soyez**
savoir	**sache**	**sachons**	**sachez**

Hier finden Sie einige Beispiele im Imperativ, damit Sie sich die gängigsten Formen einprägen können:

Parle plus fort!   *Rede lauter!*
Allons-y!   *Gehen wir!*
Attendez-nous!   *Wartet auf uns!*
Sois gentil!   *Sei nett!*
N'**aie** pas peur!   *Hab keine Angst!*
Sache que tu as raison!   *Sei gewiss, dass du Recht hast!*

LEICHT GEMERKT

19. Die Bildung des Subjonctif

Die *Subjonctif*-Endungen

Die Endungen des Subjonctif sind regelmäßig. Sie gelten für sämtliche regelmäßige und unregelmäßige Verben:

Il veut que j'	**attend e.**	*Er will, dass ich warte.*
Il veut que tu	**attend es.**	*Er will, dass du wartest.*
Il veut qu'il		*Er will, dass er wartet.*
Il veut qu'elle	**attend e.**	*Er will, dass sie wartet.*
Il veut qu'on		*Er will, dass man wartet.*
Il veut que nous	**attend ions.**	*Er will, dass wir warten.*
Il veut que vous	**attend iez.**	*Er will, dass ihr wartet / Sie warten.*
Il veut qu'ils	**attend ent.**	*Er will, dass sie* (männlich) *warten.*
Il veut qu'elles		*Er will, dass sie* (weiblich) *warten.*

Die Endungen des Subjonctif lauten:

-e, -es, -e, -ions, -iez, -ent

 Haben Sie schon bemerkt, dass die Subjonctif-Endungen Ihnen gar nicht so fremd sind?
Die Endungen der 1. und 2. Person Plural sind Ihnen vom Imparfait her vertraut und die restlichen Endungen entsprechen dem Präsens der Verben auf **-er**. Ist das nicht wundervoll?

Die Ableitung des *Subjonctif*

Die meisten regelmäßigen und unregelmäßigen Verben werden vom Stamm der 3. Person Plural Präsens abgeleitet:

Infinitiv	3. Person Plural Präsens		Subjonctif		
parler	ils	**parl** ent	que je	**parl**	e
mettre	ils	**mett** ent	que tu	**mett**	es
partir	ils	**part** ent	qu'il	**part**	e
finir →	ils	**finiss** ent →	qu'elle	**finiss**	e
dire	ils	**dis** ent	qu'on	**dis**	e
connaître	ils	**connaiss** ent	que nous	**connaiss**	ions
plaire	ils	**plais** ent	que vous	**plais**	iez
vivre	ils	**viv** ent	qu'ils	**viv**	ent
écrire	ils	**écriv** ent	qu'elles	**écriv**	ent

Unregelmäßigkeiten im *Subjonctif*

1. Die Verben auf **-ayer, -oyer, -uyer, -é...rer** sowie stamm- und endungsbetonte Verben auf **-er**, die orthographische Besonderheiten im Präsens aufweisen, zeigen diese Besonderheiten auch bei der 1. und 2. Person Plural des Subjonctif:

	payer	nettoyer	essuyer
que je/j'	**paie**	**nettoie**	**essuie**
que tu	**paies**	**nettoies**	**essuies**
qu'il qu'elle } qu'on	**paie**	**nettoie**	**essuie**

	payer	nettoyer	essuyer
que nous	pay**i**ons	nettoy**i**ons	essuy**i**ons
que vous	pay**i**ez	nettoy**i**ez	essuy**i**ez
qu'ils qu'elles	paient	nettoient	essuient

	acheter	jeter	préférer
que je/j'	achète	jette	préfère
que tu	achètes	jettes	préfères
qu'il qu'elle qu'on	achète	jette	préfère
que nous	ach**et**ions	je**t**ions	préf**ér**ions
que vous	ach**et**iez	je**t**iez	préf**ér**iez
qu'ils qu'elles	achètent	jettent	préfèrent

2. Verben auf **-oir** und einige Verben auf **-re** und **-ir** haben in der 1. und
   2. Person Plural einen anderen Stamm als in der 3. Person Plural.
   Diese Verben behalten auch ihre zwei Stämme im Subjonctif.
   Sämtliche Subjonctif-Formen, außer die der 1. und 2. Person Plural,
   werden von der 3. Person Plural Präsens abgeleitet.
   Die 1. und 2. Person Plural des Subjonctif richtet sich nach dem
   entsprechenden Präsensstamm.

   Zu dieser Verbgruppe gehören:
   acquérir (erwerben), **venir** (kommen), **tenir** (halten), **mourir** (sterben),
   décevoir (enttäuschen), **devoir** (müssen/ schulden), **voir** (sehen),
   croire (glauben), **boire** (trinken), **recevoir** (empfangen/ erhalten).

prendre				
Indikativ	ils/elles	pren**n**ent	nous vous	pren**ons** pren**ez**
Subjonctif	que je que tu	pren**n**e pren**n**es	que nous que vous	pren**i**ons pren**i**ez
	qu'il qu'elle	pren**n**e		
	qu'ils qu'elles	pren**n**ent		

Unregelmäßige *Subjonctif*-Formen

Es gibt einige Verben, die unregelmäßige Subjonctif-Formen bilden, die wir für Sie aufgelistet haben:

avoir	que j' que tu qu'il ⎤ qu'elle ⎬ qu'on ⎦	aie aies ait	que nous que vous qu'ils ⎤ qu'elles ⎦	ayons ayez aient
être	que je que tu qu'il ⎤ qu'elle ⎬ qu'on ⎦	sois sois soit	que nous que vous qu'ils ⎤ qu'elles ⎦	soyons soyez soient
aller	que j' que tu qu'il ⎤ qu'elle ⎬ qu'on ⎦	aille ailles aille	que nous que vous qu'ils ⎤ qu'elles ⎦	allions alliez aillent
faire	que je que tu qu'il ⎤ qu'elle ⎬ qu'on ⎦	fasse fasses fasse	que nous que vous qu'ils ⎤ qu'elles ⎦	fassions fassiez fassent
falloir	qu'il faille			
pleuvoir	qu'il pleuve			
pouvoir	que je que tu qu'il ⎤ qu'elle ⎬ qu'on ⎦	puisse puisses puisse	que nous que vous qu'ils ⎤ qu'elles ⎦	puissions puissiez puissent
savoir	que je que tu qu'il ⎤ qu'elle ⎬ qu'on ⎦	sache saches sache	que nous que vous qu'ils ⎤ qu'elles ⎦	sachions sachiez sachent

vouloir	que je que tu qu'il qu'elle qu'on	**veuille** **veuilles** **veuille**	que nous que vous qu'ils qu'elles	**voulions** **vouliez** **veuillent**

20. Die Bildung des Subjonctif passé

Der Subjonctif passé wird aus den jeweiligen Subjonctif-Formen von
avoir oder **être** und dem Partizip Perfekt des jeweiligen Verbs gebildet.

		travailler		sortir	
Il faut	que j'/je	**aie**	**travaillé.**	**sois**	**sorti/sortie.**
	que tu	**aies**	**travaillé.**	**sois**	**sorti/sortie.**
	qu'il				**sorti.**
	qu'elle	**ait**	**travaillé.**	**soit**	**sortie.**
	qu'on				**sorti(s)/sortie(s).**
	que nous	**ayons**	**travaillé.**	**soyons**	**sortis/sorties.**
	que vous	**ayez**	**travaillé.**	**soyez**	**sortis/sorties.**
	qu'ils/qu'elles	**aient**	**travaillé.**	**soient**	**sortis/sorties.**

Den Gebrauch von **avoir** und **être** und die Regeln zu deren Veränder-
lichkeit entnehmen Sie bitte dem Kapitel ▸ „Die Bildung des Passé
composé", da die Bildung des Subjonctif passé analog zur Bildung des
Passé composé erfolgt.

Da das Subjonctif für Deutsche ein eigenartiger Modus ist, finden Sie
hier die Bildung beider Zeiten, Subjonctif Présent und Subjonctif passé.

Bei dem Subjonctif présent muss man sich folgendes merken:

- Endungen identisch für regelmäßige und unregelmäßige Verben:
  -e, -es, -e, -ions, -iez, -ent

- In der Regel Stamm 3. P. Pl. + Endungen

Il faut que je parte.	*Ich muss gehen.*
Il se peut qu'il dise vrai.	*Es kann sein, dass er die Wahrheit sagt.*
Bien qu'il pleuve, je sors.	*Obwohl es regnet, gehe ich aus.*

LEICHT GEMERKT

Verben mit Stammänderungen im Präsens haben oft den gleichen Stamm im Subjonctif:

Il faut que j'essaie/nous essayions.	*Ich mus/Wir müsssen es probieren.*
Il se peut que nous prenions/ qu'ils prennent l'avion.	*Es kann sein, dass er die Wahrheit sagt.*

* Zahlreiche Verben haben ganz unregelmäßige Subjonctif-Formen, die man auswendig lernen muss. Am besten tut man das, indem man Beispielsätze bildet:

Il faut que tu sois sage.	*Du musst brav sein.*
Je veux que tu ailles à l'école.	*Ich will, dass du zur Schule gehst.*
J'ai peur qu'elle ait chaud.	*Ich fürchte, dass ihr warm wird.*
Elle ne croit pas qu'ils puissent venir à sa fête.	*Sie glaubt nicht, dasss sie zu ihrer Feier kommen können.*
Je ne pense pas qu'il veuille dépenser autant d'argent.	*Ich glaube nicht, dass er so viel Geld ausgeben will.*
...	

Die Bildung des Subjonctif passé ist im Vergleich einfach:

avoir/être im Subjonctif présent + Partizip

Il se peut qu'ils soient déjà rentrés chez eux.	*Es kann sein, dass sie schon nach Hause gegangen sind.*
Je ne crois pas qu'elle ait eu beaucoup de vacances cette année.	*Ich glaube nicht, dass sie viele Ferien dieses Jahr gehabt hat.*

21. Die Bildung des Passivs

Die Passivformen im Präsens

Das Passiv im Präsens wird gebildet aus den Formen von **être** im Präsens und dem Partizip Perfekt des jeweiligen Verbs. Das Partizip Perfekt richtet sich dabei in Zahl und Geschlecht nach dem Subjekt des Satzes:

L'excursion a été annulée.	*Der Ausflug ist abgesagt worden.*

je	suis	interrogé/interrogée
tu	es	interrogé/interrogée
il	est	interrogé
elle	est	interrogée
on	est	interrogé(s)/interrogée(s)
nous	sommes	interrogés/intérrogées
vous	êtes	interrogés/interrogées
ils	sont	interrogés
elles	sont	interrogées

Das Passiv in anderen Zeiten und Modi

Das Passiv kann in verschiedene Zeiten und Modi gesetzt werden:

Il	a été	interrogé.	Passé composé
Il	était	interrogé.	Imparfait
Il	fut	Interrogé.	Passé simple
Il	sera	interrogé.	Futur I
Il	serait	interrogé.	Konditional I
Il faut qu'il	soit	interrogé.	Subjonctif

Das Passiv wird in verschiedenen Zeiten und Modi gebildet, indem man **être** in die entsprechende Zeit bzw. den jeweiligen Modus setzt und das Partizip Perfekt des jeweiligen Verbs hinzufügt.

Die Nennung des Urhebers im Passiv

Der Urheber der Handlung wird einfach mit der Präposition **par** angeschlossen:

Il sera interrogé par la police. *Er wird von der Polizei verhört werden.*

So wird das Passiv auf Französisch gebildet:

être im Präsens + Partizip (+ **par** + Urheber der Handlung)

LEICHT GEMERKT

LEICHT GEMERKT

Hier noch einmal die wichtigsten Zeitformen des Französischen im Überblick:

Zeitform	Beispiel	Übersetzung
Präsens	**je** joue **nous** jouons	*ich spiele* *wir spielen*
Imparfait	**tu** jouais **vous** jouiez	*du spieltest* *ihr spieltet*
Passé composé	**il** a joué **ils** ont joué	*er hat gespielt* *sie haben gespielt*
Plusquamperfekt	**j'**avais joué **nous** avions joué	*ich hatte gespielt* *wir hatten gespielt*
Passé simple	**tu** jouas **vous** jouâtes	*du spieltest* *ihr spieltet*
Futur composé	**il** va jouer **ils** vont jouer	*er wird spielen* *sie werden spielen*
Futur I	**je** jouerai **nous** jouerons	*ich werde spielen* *wir werden spielen*
Futur II	**tu** auras joué **vous** aurez joué	*du wirst gespielt haben* *ihr werdet gespielt haben*
Konditional I	**elle** jouerait **elles** joueraient	*sie würde spielen* *sie würden spielen*
Konditional II	**j'**aurais joué **nous** aurions joué	*ich hätte gespielt* *wir hätten gespielt*
Subjonctif	**que tu** joues **que vous** jouiez	*dass du spielst* *dass ihr spielt*
Subjonctif passé	**qu'elle** ait joué **qu'elles** aient joué	*dass sie gespielt hat* *dass sie gespielt haben*

L'EMPLOI DES TEMPS ET DES MODES – *DER GEBRAUCH DER ZEITEN UND MODI*

1. Die wichtigsten Zeiten in der Übersicht

Vergangenheit		Gegenwart	Zukunft	
Plusquamperfekt	Passé composé Passé simple Imparfait	Präsens	Futur II	Futur composé Futur I

2. Der Gebrauch des Präsens

Man benutzt das Präsens, um

- Vorgänge oder Zustände in der Gegenwart auszudrücken:

  Il fait les courses. *Er kauft ein.*
  Il a beaucoup d'argent. *Er hat viel Geld.*

- Wiederholungen und Gewohnheiten zu bezeichnen:

  Tous les jours, je me lève à 6 heures. *Ich stehe jeden Tag um 6 Uhr auf.*
  Il ne prend jamais de petit-déjeuner. *Er frühstückt nie.*

- allgemeingültige Dinge zu beschreiben:

  Paris est la capitale de la France. *Paris ist die Hauptstadt Frankreichs.*

3. Der Gebrauch des Imparfait

Das Imparfait wird benutzt, um

- Beschreibungen in der Vergangenheit zu geben:

  Il pleuvait toute la journée. *Es hat den ganzen Tag geregnet.*

- Zustände in der Vergangenheit zu beschreiben:

  Autrefois, on n'avait pas de voitures.   *Früher gab es keine Autos.*

- gewohnheitsmäßige Handlungen in der Vergangenheit auszudrücken:

  Quand j'étais petite, je jouais   *Als ich klein war, spielte ich im*
  dans le jardin.   *Garten.*

 Wenn Sie die Begleitumstände, Hintergrundinformationen, Kommentare oder Erklärungen eines Geschehens zum Ausdruck bringen möchten, so benötigen Sie das Imparfait.

LEICHT GEMERKT

Vielleicht kann der folgende Satz Ihnen dabei helfen, einen möglichen Gebrauch des Imparfait schneller zu lernen:

Das Imparfait, das merk ich mir,
beschreibt die Kulisse hinter mir!

4. Der Gebrauch des Passé composé

Das Passé composé wird benutzt für

- einmalige Handlungen und Ereignisse in der Vergangenheit:

  Hier, je suis allé au cinéma.   *Gestern bin ich ins Kino gegangen.*
  Je suis née le 10 mars 1962.   *Ich bin am 10. März 1962 geboren.*

- aufeinander folgende Handlungen, so genannte Handlungsketten, in der Vergangenheit:

  La semaine dernière, Pierre   *Letzte Woche ist Pierre nach Strass-*
  est allé à Strasbourg. Il a fait   *burg gefahren. Er war einkaufen.*
  des courses. Vers 20 heures,   *Gegen 20 Uhr ist er nach Hause*
  il est rentré.   *gekommen.*

 Wenn Sie die eigentliche Handlung bzw. die Ereignisse ausdrücken möchten, die im Vordergrund stehen, so benutzen Sie einfach das Passé composé.

5. Der Gebrauch des Plusquamperfekts

Der Gebrauch des Plusquamperfekts ist für Deutsche kinderleicht, da das Plusquamperfekt wie im Deutschen gebraucht wird.
Das Plusquamperfekt wird benutzt, um ein Ereignis oder einen Zustand zu bezeichnen, der vor einem anderen Geschehen oder Zustand in der Vergangenheit bereits abgeschlossen war:

Il voulait rendre visite à Christine, mais elle était déjà partie.
Er wollte Christine besuchen, aber sie war schon weggegangen.

Die folgende Grafik veranschaulicht die Regel:

Vorvergangenheit	Vergangenheit	Gegenwart
→ Plusquamperfekt →	→ Imparfait → Passé composé Passé simple	Präsens →

6. Der Gebrauch des Passé simple

Im Deutschen existiert das Passé simple nicht, deswegen ist der Gebrauch dieser Zeit für Deutsche schwierig. Aber das ist halb so schlimm, da das Passé simple im modernen Französisch der Gegenwart immer seltener benutzt wird.

Das Passé simple wird fast nur in der geschriebenen Sprache gebraucht. Es kommt hauptsächlich vor
- in literarischen Texten, z. B. Romanen, Märchen, Erzählungen;
- in historischen Texten, z. B. Geschichtsbüchern, Biographien;
- in Zeitungsartikeln.

Das Passé simple hat eine ähnliche Funktion wie das Passé composé. Es wird verwendet für

- einmalige Handlungen und Ereignisse in der Vergangenheit:

Napoléon naquit en 1769. *Napoleon wurde 1769 geboren.*
Il devint empereur en 1804. *Er wurde 1804 Kaiser.*

- aufeinander folgende Handlungen, so genannte Handlungsketten, in der Vergangenheit:

Elle alla au bar. Là, elle but un café crème. *Sie ging in die Bar. Dort trank sie einen Milchkaffee.*

Da das Passé simple in der gesprochenen Sprache fast nicht mehr verwendet wird, reicht es, wenn Sie seine Formen wiedererkennen und passiv verstehen können. Oft genügt es auch, wenn Sie nur die 3. Person Singular und Plural erkennen, da es die am häufigsten verwendete Form im Passé simple ist.

LEICHT GEMERKT

Wenn Sie aber dennoch den Gebrauch und die Formen des Passé simple besser kennenlernen möchten, dann versuchen Sie einmal eine Geschichte, eine Erzählung oder einen Roman auf Französisch zu lesen. In literarischen Texten wird das Passé simple sehr häufig gebraucht!

Und wenn Sie den Gebrauch des **Passé simple** beherrschen, dann sollten Sie sich Sätzen widmen, wo sowohl das **Passé simple** als auch das **Imparfait** auftauchen. Sie erinnern sich:

- **Passé composé/simple:** einmalige Handlungen, aufeinander folgende Handlungen in der Vergangenheit
- **Imparfait:** Beschreibungen, Zustände, gewohnheitsmäßige Handlungen in der Vergangenheit

Sehen Sie sich folgende Beispiele an:

Il dormait **quand elle** entra **dans la chambre.**	*Er schlief (war am Schlafen), als sie in das Zimmer kam.*
Le voleur cassa **une fenêtre pendant que son complice** assurait **la garde dans l'allée.**	*Der Dieb zerbrach ein Fenster, währen sein Komplize auf dem Weg Wache hielt.*

7. Der Gebrauch des Futur composé

Das Futur composé wird verwendet, um Handlungen in der Zukunft bzw. nahen Zukunft zum Ausdruck zu bringen:

Qu'est-ce que tu vas faire **maintenant?**	*Was wirst du jetzt machen?*
– Je vais **me** coucher.	*– Ich werde mich hinlegen.*

Wenn Sie sich in Frankreich über zukünftige Ereignisse oder Geschehnisse unterhalten wollen, so ist das Futur composé eigentlich unumgänglich.

8. Der Gebrauch des Futurs I

Das Futur I oder Futur simple steht

- um künftige Ereignisse auszudrücken:

Demain, je lirai un livre.	*Morgen werde ich ein Buch lesen.*
J'espère que tu viendras de-main.	*Ich hoffe, dass du morgen kommen wirst.*

- im Hauptsatz eines realen Bedingungssatzes:

Si tu réussis au bac, tu feras des études.	*Wenn du dein Abi bestehst, wirst du studieren.*

 In der Regel wird in der geschriebenen Sprache das Futur simple verwendet. In der gesprochenen Sprache begegnet man dagegen dem Futur simple und dem Futur composé.

9. Der Gebrauch des Futurs II

Das Futur II wird verwendet, um eine Handlung in der Zukunft auszudrücken, die bereits vor einem anderen zukünftigen Ereignis abgeschlossen ist:

Demain, je me reposerai quand j'aurai terminé mon travail.	*Morgen werde ich mich ausruhen, wenn ich meine Arbeit erledigt haben werde.*

Hier finden Sie die Übersicht darüber, wann man welche Zukunft-Form verwendet:

- **Futur composé:** Handlungen der (nahen) Zukunft, gesprochene Sprache
- **Futur I:** Handlungen der Zukunft, im Hauptsatz eines Realsatzes, gesprochene Sprache
- **Futur II:** Handlungen der Zukunft, die bereits vor einem anderen künftigen Ereignis abgeschlossen ist.

LEICHT GEMERKT

10. Der Gebrauch des Konditionals I

Das Konditional I steht

- bei Ratschlägen:

  À ta place, j'achèterais une voiture.   *An deiner Stelle würde ich mir ein Auto kaufen.*

- bei Wünschen:

  Il aimerait avoir un chien.   *Er hätte gerne einen Hund.*

- bei Bitten:

  Pourriez-vous m'aider ?   *Könnten Sie mir helfen?*

- bei Möglichkeiten:

  On pourrait faire une excursion.   *Wir könnten einen Ausflug machen.*

- bei Vermutungen:

  Gavarnie serait à 100 kilomètres d'ici.   *Gavarnie ist wohl 100 km von hier entfernt.*

- im Hauptsatz eines irrealen Bedingungssatzes:

  Si j'étais riche, je ne travaillerais plus.   *Wenn ich reich wäre, würde ich nicht mehr arbeiten.*

 Im Deutschen steht im Gegensatz zum Französischen bei irrealen Bedingungssätzen sowohl im Hauptsatz als auch im Nebensatz das Konditional.

11. Der Gebrauch des Konditionals II

Das Konditional II steht im Hauptsatz eines irrealen Bedingungssatzes in der Vergangenheit:

Si j'avais été riche, j'aurais fait le tour du monde.
Wenn ich reich gewesen wäre, hätte ich eine Weltreise gemacht.

12. Der Gebrauch des Partizips Präsens

Das Partizip Präsens wird hauptsächlich in der Schriftsprache verwendet. Es wird anstelle eines

- Relativsatzes mit **qui** verwendet:

Elle regarde un film racontant **la vie d'un étudiant.**	Partizip Präsens
Elle regarde un film qui raconte **la vie d'un étudiant.**	Relativsatz
Sie sieht einen Film, der das Leben eines Studenten erzählt.	

- Kausalsatzes benutzt:

Partant **tôt, nous sommes arrivés à l'heure.**	Partizip Präsens
Comme nous sommes partis **tôt, nous sommes arrivés à l'heure.**	Kausalsatz
Da wir früh losgefahren sind, sind wir rechtzeitig angekommen.	

13. Der Gebrauch des Gerundiums

Im Deutschen existiert das Gerundium nicht, es stellt deshalb für deutsche Lerner oft eine kleine Herausforderung dar.

Das Gerundium wird sowohl in der gesprochenen als auch in der geschriebenen Sprache verwendet, um Sätze zu verkürzen.
Es kann einem zweiten Hauptsatz oder einem Nebensatz entsprechen.

Denken Sie daran, dass ein Gerundium einen Nebensatz nur dann ersetzen kann, wenn der Neben- und der Hauptsatz dasselbe Subjekt haben.

Das Gerundium kann anstelle eines Temporalsatzes die Gleichzeitigkeit zweier Ereignisse oder Geschehnisse zum Ausdruck bringen:

En travaillant, il pense à son congé.	Gerundium
Pendant qu'il travaille, il pense à son congé.	Temporalsatz
Während er arbeitet, denkt er an seinen Urlaub.	

Das Gerundium kann für einen Bedingungssatz stehen:

En regardant la télé, il ne pourra pas lire le livre.	Gerundium
S'il regarde la télé, il ne pourra pas lire le livre.	Bedingungssatz
Wenn er fernsieht, kann er das Buch nicht lesen.	

En regardant la télé, il ne pourrait pas lire le livre.	Gerundium
S'il regardait la télé, il ne pourrait pas lire le livre.	Bedingungssatz
Wenn er fernsehen würde, könnte er das Buch nicht lesen.	

Das Gerundium kann für einen Modalsatz stehen, der die Art und Weise ausdrückt:

Il n'a pas gagné beaucoup d'argent en travaillant comme clown.
Er hat nicht viel Geld verdient, indem er als Clown gearbeitet hat.

14. Der Gebrauch des Subjonctif

Der französische Subjonctif darf nicht mit dem deutschen Konjunktiv in Bezug auf seinen Gebrauch gleichgesetzt werden.

Nach bestimmten Verben und Wendungen mit **que**, die eine gewisse Einstellung des Sprechers ausdrücken, folgt automatisch der Subjonctif.

1. Der Subjonctif steht nach Verben des Wünschens, Verlangens, Wollens und Verbietens in einem Nebensatz, der durch **que** eingeleitet wird, z. B.:

Je veux que tu ailles à l'école.   *Ich will, dass du in die Schule gehst.*

Verben, die zu dieser Gruppe gehören, sind u.a.:

aimer mieux que	*lieber mögen*	**interdire que**	*verbieten*
aimer que	*mögen*	**ordonner que**	*befehlen*
attendre que	*(er)warten*	**permettre que**	*erlauben,*
avoir envie que	*gern wollen,*		*gestatten*
	Lust haben	**préférer que**	*vorziehen*
demander que	*verlangen*	**souhaiter que**	*wünschen*
désirer que	*wünschen*	**vouloir que**	*wollen*
exiger que	*fordern*		

2. Der Subjonctif steht nach Verben des Vorschlagens, Zustimmens, Ablehnens und Verhinderns in einem Nebensatz, der durch **que** eingeleitet wird, z. B.:

Il propose qu'ils fassent une excursion.   *Er schlägt vor, dass sie einen Ausflug machen.*

Verben, die zu dieser Gruppe gehören, sind u.a.:

accepter que	*akzeptieren*	**recommander que**	*empfehlen*
approuver que	*billigen*		
désapprouver que	*missbilligen*	**refuser que**	*ablehnen*
		souffrir que	*ertragen*
empêcher que	*verhindern*	**supporter que**	*ertragen*
éviter que	*vermeiden*	**tolérer que**	*ertragen, dulden*
proposer que	*vorschlagen*	**vouloir bien que**	*einverstanden sein*

3. Der Subjonctif steht nach Verben und Ausdrücken des subjektiven Empfindens und der wertenden Stellungnahme in einem Nebensatz, der durch **que** angeschlossen wird.

 Der **que**-Satz ist in diesem Fall nur möglich, wenn der einleitende Satz und der **que**-Satz verschiedene Subjekte haben:

Je regrette que mon chef ne puisse pas venir.   *Ich bedauere, dass mein Chef nicht kommen kann.*

Verben, die zu dieser Gruppe gehören, sind u.a.:

admirer que	*bewundern*
adorer que	*furchtbar gerne mögen*
aimer que	*(es) gern haben*
apprécier que	*(es) zu schätzen wissen*
avoir honte que	*sich schämen*

avoir peur que	*Angst haben*
(ne pas) comprendre que	*(nicht) verstehen können*
craindre que	*fürchten*
critiquer que	*kritisieren*
déplorer que	*bedauern, beklagen*
détester que	*verabscheuen*
regretter que	*bedauern*
s'étonner que	*sich wundern, staunen*
s'indigner que	*sich entrüsten*
se réjouir que	*sich freuen*

Aber aufgepasst! Nach **espérer que** *(hoffen)* steht der Indikativ und nach **se plaindre que** *(sich beklagen)* kann der Subjonctif oder der Indikativ stehen.

4. Auch nach Ausdrücken mit **être** oder **trouver** + Adjektiv, die das subjektive Empfinden oder die wertende Stellungnahme zum Ausdruck bringen, steht der Subjonctif in einem Nebensatz, der durch **que** eingeleitet wird, z. B.:

Il est important que vous fassiez vos devoirs.	*Es ist wichtig, dass ihr eure Hausaufgaben macht.*

Ausdrücke, die zu dieser Gruppe gehören, sind u.a.:

être content que	*zufrieden sein*
être déçu que	*enttäuscht sein*
être désolé que	*untröstlich sein*
être étonné que	*verwundert sein*
être heureux que	*glücklich sein*
être satisfait que	*zufrieden sein*
être surpris que	*überrascht sein*
être triste que	*traurig sein*
trouver bizarre que	*komisch finden*
trouver bon que	*gut finden*
trouver curieux que	*seltsam finden*
trouver important que	*wichtig finden*
trouver mauvais que	*schlecht finden*

5. Der Subjonctif steht nach unpersönlichen Verben und unpersönlichen Ausdrücken, z. B.:

Il est bon que tu viennes.	*Es ist gut, dass du kommst.*

Dazu gehören u.a.:

il est bizarre que	*es ist seltsam*
il est bon que	*es ist gut*
il est important que	*es ist wichtig*
il est mauvais que	*es ist schlecht*
il est nécessaire que	*es ist notwendig*
il est normal que	*es ist normal*
il est temps que	*es ist Zeit*
il est utile que	*es ist nützlich*

cela m'amuse que	*es amüsiert mich*
cela me gêne que	*es stört mich*
cela m'inquiète que	*es beunruhigt mich*
cela me plaît que	*es gefällt mir*
cela me surprend que	*es überrascht mich*

il convient que	*es ist angebracht*
il faut que	*es ist nötig/man muss*
il importe que	*es ist wichtig*
il suffit que	*es genügt*
il vaut mieux que	*es ist besser*

6. Der Subjonctif steht in der Regel nach Ausdrücken und Verben des Meinens und Denkens, die verneint sind und im Nebensatz mit **que** angeschlossen sind:

Je ne crois pas qu'ils sachent faire de la voile.	*Ich glaube nicht, dass sie segeln können.*

Zu dieser Gruppe gehören u.a.:

ne pas croire que	*nicht glauben*
ne pas espérer que	*nicht hoffen*
ne pas estimer que	*nicht meinen*
ne pas s'imaginer que	*sich nicht vorstellen*
ne pas penser que	*nicht denken*
ne pas se rappeler que	*sich nicht erinnern*
ne pas trouver que	*nicht finden*

7. Der Subjonctif steht in der Regel nach Ausdrücken und Verben des Bezweifelns, die im Nebensatz mit **que** angeschlossen sind:

Personne ne doute que le chômage soit un grand problème.	*Niemand bezweifelt, dass die Arbeitslosigkeit ein großes Problem ist.*

Zu dieser Gruppe gehören u.a.:

douter que	*bezweifeln*
contester que	*bestreiten*
nier que	*verneinen*

8. Der Subjonctif steht nach Ausdrücken und Verben des Sagens und Erklärens, die verneint sind und im Nebensatz mit **que** angeschlossen sind:

Il ne dit pas qu'elle sache nager. *Er sagt nicht, dass sie schwimmen kann.*

Zu dieser Gruppe gehören u.a.:

affirmer que	*behaupten, versichern*
assurer que	*versichern*
avouer que	*gestehen*
constater que	*feststellen*
déclarer que	*erklären*
dire que	*sagen, behaupten*
jurer que	*schwören*
prétendre que	*vorgeben*
soutenir que	*behaupten*

 Wenn Sie **promettre que** *(versprechen)* benutzen, ist alles ganz einfach! Verwenden Sie immer den Indikativ, denn der ist einfach und immer richtig.

9. Der Subjonctif steht in einem Relativsatz, wenn etwas als wünschenswert oder hypothetisch erachtet wird. Handelt es sich hingegen um eine Tatsache, so steht der Indikativ:

	Il cherche une maison qui soit bon marché.	**Wunsch**
	Er sucht ein Haus, das günstig ist.	
Aber:	**Il a une maison qui est bon marché.**	**Tatsache**
	Er hat ein Haus, das günstig ist.	

10. Der Subjonctif steht nach einigen Konjunktionen, z. B.:

Marc a acheté du pain sans que sa mère le sache.
Marc hat Brot gekauft, ohne dass seine Mutter davon wusste.
Marc aide sa mère pour qu'elle soit heureuse.
Marc hilft seiner Mutter, damit sie glücklich ist.

Zu den Konjunktionen, die den Subjonctif auslösen, gehören u.a.:

à condition que	*unter der Beding-*	**jusqu'à ce que**	*solange bis*
	gung, dass	**malgré que**	*obwohl, obgleich*
afin que	*damit*	**pour que**	*damit*
avant que ...	*bevor*	**pourvu que**	*vorausgesetzt,*
(ne)			*dass*
bien que	*obwohl, obgleich*	**quoique**	*obwohl, obgleich*
de peur que ...	*damit nicht*	**sans que**	*ohne dass*
(ne)		**supposé que**	*angenommen,*
de crainte que	*damit nicht*		*dass*
... (ne)			

Merken Sie sich jedoch die folgenden Grundregeln:

Der Subjonctif folgt nach

- Verben und Ausdrücken der **Willensäußerung**
- Verben und Ausdrücken des **subjektiven Empfindens** und der **wertenden Stellungnahme**
- **unpersönlichen** Verben und Ausdrücken
- **verneinten** Verben und Ausdrücken des **Meinens** und **Denkens**
- Verben und Ausdrücken des **Zweifelns**
- **bestimmten Konjunktionen**

Hier finden Sie die wichtigsten Verben, Ausdrücke und Konjunktionen auf einen Blick, die Sie unbedingt beherrschen sollten – so können Sie die häufigsten Subjonctif-Fallen vermeiden:

- **vouloir que, demander que, exiger que, accepter que, refuser que, proposer que, craindre que, aimer que, détester que**
- **être content, désolé, surpris que**
- **trouver bizarre, bon que**
- **il faut que**
- **ne pas croire, penser que**
- **bien que, pour que, sans que, jusqu'à ce que**

Am Anfang ist es sicherlich nicht ganz einfach, den Subjonctif immer richtig zu gebrauchen. Verzweifeln Sie jedoch nicht gleich: Wenn Sie sich eine Weile mit dem Subjonctif beschäftigen, dann bekommen Sie bald ein Gespür für den richtigen Gebrauch!

LEICHT GEMERKT

LES TYPES DE PHRASES – *SATZARTEN*

1. Der Aussagesatz

Der Aussagesatz hat folgende Struktur:

Adverbiale Bestimmung Zeit / Ort	Subjekt	Prädikat	direktes Objekt	indirektes Objekt	Adverbiale Bestimmung Zeit / Ort
	J'	achète	un livre.		
	Je	donne	un livre	à Jean.	
Hier,	j'	ai donné	un livre	à Jean.	
Hier, à l'école,	j'	ai donné	un livre	à Jean.	
	Il	habite			en France.

2. Der Fragesatz

Die Intonationsfrage

Die Intonationsfrage wird im gesprochenen Französisch als Gesamtfrage häufig benutzt und ist ganz einfach.

Die Intonationsfrage behält die Stellung der Satzglieder des Aussagesatzes bei, wird aber wie im Deutschen mit steigender Intonation gesprochen, z. B.:

Luc va au bureau ?   *Geht Luc ins Büro?*

Die Frage mit *est-ce que* als Entscheidungsfrage

Die Entscheidungsfrage, auch Gesamtfrage genannt, bezieht sich auf den ganzen Satz und enthält kein Fragepronomen. Auf eine Entscheidungsfrage kann man mit *ja* oder *nein* antworten.

Die Frage mit **est-ce que** existiert im Deutschen nicht. Man kann **est-ce que** in der deutschen Übersetzung daher auch nicht wiedergeben.

Die Frage mit **est-ce que** ist ganz einfach. Sie wird gebildet, indem man **est-ce que** vor den Aussagesatz setzt.
Die Stellung der einzelnen Satzglieder im Aussagesatz bleibt dabei unverändert. Vor Vokal und stummem **h** wird **est-ce que** zu **est-ce qu'**.

Est-ce que	Aussagesatz	
Est-ce que	**tu vas au bureau ?**	*Gehst du ins Büro?*
Est-ce qu'	**on va au cinéma ce soir ?**	*Gehen wir heute Abend ins Kino?*

Die Frage mit Fragepronomen

Eine Frage mit Fragepronomen nennt man auch eine Ergänzungsfrage.

Die Fragepronomen

Im Französischen findet man u.a. folgende Fragepronomen:

à quelle heure	*um wie viel Uhr*
à qui	*wen, wem*
à quoi	*woran, wofür*
combien	*wie viel*
combien de temps	*wie lange*
comment	*wie*
d'où	*woher*
de qui	*von wem*
de quoi	*wovon*
depuis quand	*seit wann*
où	*wo, wohin*
pourquoi	*warum*
quand	*wann*
que	*was*
quel(s), quelle(s)	*welcher, welche, welches*
qui	*wer*

Die Frage mit *est-ce que* + Fragepronomen

Legen Sie Ihr besonderes Augenmerk auf die Frage mit **est-ce que**, da sie immer gebräuchlich und richtig ist.

Werden Fragen mit Fragepronomen und **est-ce que** gebildet, dann herrscht das folgende Schema vor:

Fragewort	est-ce que	Subjekt	Prädikat	Objekte	Adverbiale Bestimmungen
Quand	est-ce que	tu	ranges	ta chambre?	
Wann räumst du dein Zimmer auf?					
Où	est-ce que	tu		as trouvé ton sac?	
Wo hast du deine Tasche gefunden?					
Pourquoi	est-ce que	vous	étudiez	le français?	
Warum lernt ihr Französisch?					
Qu'	est-ce qu'	il	fait		demain?
Was macht er morgen?					

Aufgepasst! Vor Vokal und stummem **h** wird **que** zu **qu'**, deshalb wird **est-ce que** zu **est-ce qu'**.

Bei Ergänzungsfragen mit **est-ce que** steht zunächst das Fragepronomen und direkt danach folgt **est-ce que/est-ce qu'**. Im Anschluss daran folgen die restlichen Satzglieder.

Bei den Fragen mit Fragepronomen entspricht die Wortstellung in der französischen Sprache nicht der deutschen Sprache, da im Deutschen

1. die Entsprechung für **est-ce que** fehlt,
2. das Subjekt hinter dem Verb steht.

Zum Beispiel:

Quand est-ce que tu as rendez-vous?
Wann bist du verabredet?

Die Frage mit nachgestelltem Fragepronomen

Im Gegensatz zum Deutschen kann das Fragepronomen in der französischen Umgangssprache auch nachgestellt werden, z. B.:

Tu habites où?   *Wo wohnst du?*

Die Bildung der Frage mit nachgestelltem Fragepronomen ist ein Kinderspiel, da man an den Aussagesatz einfach das entsprechende Fragepronomen anhängt. Die Stellung der Satzglieder im Aussagesatz bleibt dabei erhalten.

Aussagesatz	Fragepronomen	
Tu t'appelles	comment ?	*Wie heißt du?*
Tu pars	quand ?	*Wann fährst du?*
Tu arrives	d'où ?	*Woher kommst du?*

Das Fragepronomen **que** wird bei Nachstellung zu **quoi**:

À qu'est-ce que tu penses ?
Tu penses à quoi ?   *Woran denkst du?*

Das haben Sie bisher über die Fragesätze gelernt:

- Intonationsfrage: Aussagesatz mit steigender Intonation
- Frage mit **est-ce que** mit Antwort ja oder nein
- Frage mit nachgestelltem Pronomen: Aussagesatz + Pronomen (mit Intonation)

LEICHT GEMERKT

Die Frage mit *qui*

Mit **qui** fragt man nach Personen.

Die Frage nach dem Subjekt

Wenn Sie nach einer Person fragen möchten, die Subjekt des Satzes ist, dann können Sie **qui est-ce qui** verwenden:

Qui est-ce qui **habite à Paris ?**   *Wer wohnt in Paris?*

Sie können sich aber auch das Leben erleichtern und die Frage nur mit **qui** bilden:

Qui **habite à Paris ?**   *Wer wohnt in Paris?*

Die Frage nach dem Objekt

Wenn Sie nach einer Person fragen möchten, die Objekt des Satzes ist, verwenden Sie **qui est-ce que**.

Merken Sie sich einfach: Wird **qui** mit einer Präposition verbunden, dann müssen Sie **est-ce que** (oder Inversion) verwenden, z. B.:

À qui est-ce que tu donnes le livre?
Wem gibst du das Buch?

Die Frage

• nach dem direkten Objekt erfolgt mit **qui est-ce que**:

  Qui est-ce que vous cherchez?   *Wen suchen Sie?*

• nach dem indirekten Objekt erfolgt mit **à qui est-ce que**:

  À qui est-ce que tu penses?   *An wen denkst du?*

Die Frage mit *que*

Mit **que** fragt man nach Sachen.

Die Frage nach dem Subjekt

Wenn Sie nach einer Sache fragen möchten, die Subjekt des Satzes ist, verwenden Sie **qu'est-ce qui**:

Qu'est-ce qui s'est passé?   *Was ist passiert?*

Die Frage nach dem Objekt

Wenn Sie nach dem direkten Objekt fragen, dann verwenden Sie **qu'est-ce que**:

Qu'est-ce que tu cherches?   *Was suchst du?*

Aber aufgepasst! Bei der Frage nach dem indirekten Objekt wird **à quoi** verwendet, z. B.:

À quoi est-ce qu'il pense?   *Woran denkt er?*

Die Inversionsfrage

Die Inversionsfrage ist dem Deutschen recht ähnlich. Sie wird allerdings im gesprochenen Französisch nicht sehr häufig verwendet. Man trifft sie hauptsächlich in schriftlich fixierten Texten an, z. B. in Briefen usw.

Die Inversionsfrage mit und ohne Fragewort wird wie folgt gebildet:

Fragewort	Verb + Subjekt- pronomen	Ergänzungen	
Quand	**pars-tu**	**en vacances?**	*Wann fährst du in Urlaub?*
Comment	**vas-tu**	**en vacances?**	*Wie fährst du in Urlaub?*
Comment	**va-t-il?**		*Wie geht es ihm?*
Où	**habite-t-elle?**		*Wo wohnt sie?*
	Veux-tu	**prendre le train?**	*Möchtest du den Zug nehmen?*

Bei der Inversionsfrage steht das Subjektpronomen hinter dem Verb. Zwischen Verb und Subjekt wird ein Bindestrich eingefügt.
In der 3. Person Singular bei **il, elle** oder **on** tritt zwischen Verb und Subjektpronomen ein **-t-**, wenn die Verbform auf **-e** oder **-a** endet.
Die Fragewörter stehen bei Inversionsfragen vor dem Verb.

Wenn das Subjekt aus einem Substantiv besteht, wird die Sache komplizierter, denn ein Substantiv kann nicht hinter dem Verb stehen. Aus diesem Grund lautet die Frage wie folgt:

Jean veut-il aller à Paris?   *Will Jean nach Paris fahren?*

Wenn man die Inversionsfrage bilden möchte und ein Substantiv Subjekt des Satzes ist, so bleibt der Aussagesatz erhalten und an das Verb wird das entsprechende Subjektpronomen mit Hilfe eines Bindestrichs angehängt:

Annie habite-t-elle à Paris?
Wohnt Annie in Paris?

Monsieur Leroc connaît-il la France?
Kennt Herr Leroc Frankreich?

Einige kurze Fragen werden auch in der gesprochenen Sprache als Inversionsfragen gebildet, z. B.:

Quelle heure est-il?   *Wie viel Uhr ist es?*

Comment allez-vous?   *Wie geht es Ihnen?*

LEICHT GEMERKT

Merken Sie sich die drei folgenden wichtigsten Frageformen im Französischen:

Die Intonationsfrage

Tu habites à Londres?   *Wohnst du in London?*

Die Frage mit *est-ce que*

Est-ce que tu habites à Londres?   *Wohnst du in London?*

Die Inversionsfrage

Où habites-tu?   *Wo wohnst du?*

3. Der Relativsatz

Der Relativsatz mit *qui*

Das Relativpronomen **qui** leitet einen Relativsatz ein, bei dem **qui** gleichzeitig Subjekt des Relativsatzes ist.

Qui ist unveränderlich und kann sich im Singular und Plural

- auf Personen beziehen:

  J'ai une amie qui m'aide toujours.   *Ich habe eine Freundin, die mir immer hilft.*

- auf Sachen beziehen:

  J'ai reçu un livre qui me plaît beaucoup.   *Ich habe ein Buch bekommen, das mir sehr gefällt.*

Abweichend vom Deutschen wird im Französischen nicht zwischen *der*, *die* und *das* unterschieden.

Benutzen Sie immer **qui**, wenn ein Verb oder ein Objektpronomen mit Verb dem Relativpronomen folgt.

Der Relativsatz mit *que*

Das Relativpronomen **que** leitet einen Relativsatz ein, bei dem **que** gleichzeitig direktes Objekt des Relativsatzes ist.

Que, das sich vor Vokal und stummem **h** in **qu'** verwandelt, kann sich im Singular und Plural

- auf Personen beziehen:

  J'ai une amie que j'aime beaucoup.   *Ich habe eine Freundin, die ich sehr gerne mag.*

- auf Sachen beziehen:

  J'ai reçu un livre que j'aime beaucoup.   *Ich habe ein Buch bekommen, das ich gerne mag.*

 Auch hier wird abweichend vom Deutschen nicht zwischen *der*, *die* und *das* unterschieden.

 Machen Sie sich das Leben leicht und benutzen Sie **que**, wenn dem Relativpronomen ein Subjekt folgt.

Der Relativsatz mit *dont*

Das Relativpronomen **dont** vertritt Ergänzungen mit **de** in einem Relativsatz.

Dont bezieht sich im Singular und Plural

- auf Personen:

  Le père de Luc est chef d'entreprise.
  ▸ **Luc dont le père est chef d'entreprise est très sympathique.**
  Luc, dessen Vater ein Unternehmen leitet, ist sehr sympathisch.

  Marie est amoureuse de Paul.
  ▸ **C'est Paul dont Marie est amoureuse.**
  Es ist Paul, in den Marie verliebt ist.

- auf Sachen:

Il a besoin d'une maison.
▸ **Il cherche la maison dont il a besoin.**
Er sucht das Haus, das er braucht.

J'ai parlé de cette ville.
▸ **C'est la ville dont j'ai beaucoup parlé.**
Das ist die Stadt, von der ich viel gesprochen habe.

Das Relativpronomen ist für Deutsche nicht ganz einfach, weil man es nicht mit einer Übersetzung wiedergeben kann. Man merke sich folgendes:

dont vertritt Ergänzungen (Personen und Sachen) mit **de** im Relativsatz.

Der Relativsatz mit *lequel, laquelle, lesquels, lesquelles*

Die Formen von *lequel*

Je nachdem, ob **lequel** männlich, weiblich, im Singular oder im Plural steht, weist es unterschiedliche Formen auf:

	männlich	weiblich
Singular	lequel	laquelle
Plural	lesquels	lesquelles

Der Gebrauch von *lequel* im Relativsatz

Die Relativpronomen **lequel, laquelle, lesquels** und **lesquelles** vertreten in der Regel in einem Relativsatz Sachen oder Personen, die nach

- Präpositionen stehen:

C'était un hiver pendant lequel il neigeait.
Es war ein Winter, während dem es schneite.
C'était la raison pour laquelle il y avait beaucoup d'accidents.
Das war der Grund, weswegen es viele Unfälle gab.
Nous avons vu des blessés parmi lesquels se trouvait mon père.
Wir sahen Verletzte, unter denen sich mein Vater befand.

Les personnes pour lesquelles je travaille sont gentilles.
Die Personen, für die ich arbeite, sind nett.

- präpositionalen Ausdrücken stehen:

Il a une maison à côté de laquelle se trouve la gare.
Er hat ein Haus, neben dem sich der Bahnhof befindet.

Folgt **lequel, laquelle, lesquels** oder **lesquelles** der Präposition **à**, so entstehen folgende neue Verbindungen, z. B.:

Les livres auxquels je m'intéresse sont bon marché.
Die Bücher, für die ich mich interessiere, sind billig.

à	+	lequel	=	auquel
à	+	laquelle	=	à laquelle
à	+	lesquels	=	auxquels
à	+	lesquelles	=	auxquelles

Folgt **lequel, laquelle, lesquels** oder **lesquelles** der Präposition **de**, so entstehen folgende neue Verbindungen, z. B.:

Le village près duquel se trouve l'autoroute a beaucoup d'hôtels.
Das Dorf, in dessen Nähe sich die Autobahn befindet, hat viele Hotels.

de	+	lequel	=	duquel
de	+	laquelle	=	de laquelle
de	+	lesquels	=	desquels
de	+	lesquelles	=	desquelles

Die Formen **duquel, de laquelle** usw. finden nur dann Verwendung, wenn ihnen eine Präposition, z. B. **près de**, vorausgeht.
Einfache Ergänzungen mit **de** werden im Relativsatz durch **dont** vertreten, z. B.:

Les habitants de ce village sont surtout des paysans.
Die Bewohner dieses Dorfes sind hauptsächlich Bauern.
▸ **Le village, dont les habitants sont surtout des paysans, se trouve près d'Avignon.**
Das Dorf, dessen Bewohner hauptsächlich Bauern sind, befindet sich in der Nähe von Avignon.
Il habite près d'une ville.
Er wohnt in der Nähe einer Stadt.
▸ **Voilà la ville près de laquelle il habite.**
Hier ist die Stadt, in deren Nähe er wohnt.

Der Relativsatz mit *où*

Das Relativpronomen **où** vertritt Ortsbestimmungen im Relativsatz:

Montpellier est la ville où **Jean fait ses études.**
Montpellier ist die Stadt, in der Jean studiert.

Verwechseln Sie nicht das Relativpronomen **où** *(wo)* mit der Konjunktion **ou** *(oder)*! Die beiden unterscheiden sich nur durch den Akzent (**accent grave**) auf dem **u**.

Vielleicht hilft Ihnen der folgende Merksatz dabei, die beiden Wörter nicht zu verwechseln:

Auf der ODER schwimmt kein GRAF!

Der Relativsatz mit *ce qui, ce que*

Die Relativpronomen **ce qui** und **ce que**, die kein direktes Bezugswort haben, benutzt man, um das deutsche *was* zum Ausdruck zu bringen.

Ce qui ist Subjekt:	**Je sais bien** ce qui **m'intéresse.** *Ich weiß sehr wohl, was mich interessiert.*
Ce que ist Objekt:	**Je sais bien** ce que **Julien a dit.** *Ich weiß sehr wohl, was Julien gesagt hat.*

Die Sache ist ganz einfach! Folgt ein Subjekt, dann verwenden Sie **ce que**. Folgt hingegen kein Subjekt, benutzen Sie **ce qui**.

Hier finden Sie alle Relativpronomen auf einem Blick:

qui	que	dont	où
der, die, das	*den, die, das*	*dessen, deren, von dem...*	*wo*
Subjekt des Relativsatzes	Objekt des Relativsatzes	vertritt Ergänzungen mit de	Ortsbestimmung im Relativsatz

Außerdem gibt es:

**lequel, laquelle, lesquels,
lesquelles**
während dem, für die..
nach Präposition im Relativsatz

ce qui, ce que

was
Subjekt/Objekt des Relativsatzes

4. Der Bedingungssatz

Der reale Bedingungssatz

Der Gebrauch des realen Bedingungssatzes

Der reale Bedingungssatz wird verwendet, wenn es sich um eine Bedingung handelt, die tatsächlich erfüllt werden kann, z. B.:

Si j'ai le temps, je lirai un livre.
Wenn ich Zeit habe, lese ich ein Buch.

Die Bildung des realen Bedingungssatzes

Si-Satz im Präsens	Hauptsatz im Futur I / Präsens
Si tu **as** le temps, *Wenn du Zeit hast,*	**nous ferons** les courses. *gehen wir einkaufen.*
S'il **fait** beau, *Wenn das Wetter schön ist,*	**je vais** à la piscine. *gehe ich ins Schwimmbad.*

Wenn Sie einen realen Bedingungssatz bilden möchten, dann beachten Sie folgende Zeitenfolge:
Im **si**-Satz steht das Präsens und im Hauptsatz wird das Futur I (Futur simple) oder das Präsens verwendet. **Si** wird vor Vokal zu **s'**.

Der irreale Bedingungssatz

Der Gebrauch des irrealen Bedingungssatzes

Der irreale Bedingungssatz wird verwendet, wenn eine Bedingung irreal ist, d.h. wenn sie der Wirklichkeit nicht entspricht und wenn ihre Erfüllung fraglich oder unmöglich ist, z. B.:

Si j'étais riche, je ferais le tour du monde.

Wenn ich reich wäre, würde ich eine Weltreise machen.

Die Bildung des irrealen Bedingungssatzes

Wenn Sie einen französischen Bedingungssatz bilden möchten, dürfen Sie im **si**-Satz nie das Konditional verwenden, wie das im Deutschen der Fall ist. Verwenden Sie im **si**-Satz immer das Imparfait.

Si-Satz im Imparfait	Hauptsatz im Konditional
S'il avait plus d'argent, *Wenn er mehr Geld hätte,*	**il achèterait une maison.** *würde er ein Haus kaufen.*
Si je faisais le tour du monde, *Wenn ich eine Weltreise machen würde,*	**je ferais la connaissance de beaucoup de gens.** *würde ich viele Leute kennen lernen.*

Bei der Bildung des irrealen Bedingungssatzes müssen Sie folgende Zeitenfolge beachten:
Im **si**-Satz steht das Imparfait und im Hauptsatz wird das Konditional verwendet.

Der irreale Bedingungssatz in der Vergangenheit

Der irreale Bedingungssatz in der Vergangenheit wird verwendet, wenn eine Bedingung in der Vergangenheit unerfüllt geblieben ist. Es handelt sich somit um einen rein hypothetischen Satz.

Si j'avais été riche, j'aurais fait le tour du monde.   *Wenn ich reich gewesen wäre, hätte ich eine Weltreise gemacht.*

Im **si**-Satz steht das Plusquamperfekt und im Hauptsatz das Konditional II:

Si-Satz im Plusquamperfekt	Hauptsatz im Konditional II
S'il avait eu plus d'argent, *Wenn er mehr Geld gehabt hätte,*	**il aurait acheté une maison.** *hätte er ein Haus gekauft.*
Si j'avais fait le tour du monde, *Wenn ich eine Weltreise gemacht hätte,*	**j'aurais fait la connaissance de beaucoup de gens.** *hätte ich viele Leute kennen gelernt.*

LEICHT GEMERKT

Hier finden Sie die Übersicht über die Bedingungssätze

	Si-Satz	Hauptsatz
realer Bedingungssatz	Präsens	Präsens/Futur I
irrealer Bedingungssatz	Imparfait	Konditional I
irrealer Bedingungssatz in der Vergangenheit	Plusquamperfekt	Konditional II

5. Die indirekte Rede

Die Bildung der indirekten Rede und der indirekten Frage

Die indirekte Rede

Die indirekte Rede wird durch **que** eingeleitet:

Elle dit que la jupe est bon marché.   *Sie sagt, dass der Rock billig ist.*

Vor Vokal wird **que** zu **qu'**:

Elle dit qu'il a raison.   *Sie sagt, dass er Recht hat.*

Die indirekte Frage

Die indirekte Frage wird

• durch **si** eingeleitet:

Elle demande si Luc veut aller au cinéma.
Sie fragt, ob Luc ins Kino gehen will.

• vor Vokal durch **s'** eingeleitet:

Elle demande s'il veut aller au cinéma.
Sie fragt, ob er ins Kino gehen will.

• durch das entsprechende Fragewort eingeleitet:

Paul veut savoir où son copain travaille.
Paul möchte wissen, wo sein Freund arbeitet.
Elle veut savoir pourquoi Nicole habite à Lyon.
Sie möchte wissen, warum Nicole in Lyon wohnt.
Il me demande quand j'ai commencé à travailler.
Er fragt mich, wann ich angefangen habe zu arbeiten.

 Im Gegensatz zum Deutschen ändert sich die Wortstellung im Französischen in der indirekten Rede/Frage nicht. Außerdem steht kein Komma, z. B.:

Paul dit qu'il a peu d'argent.	*Paul sagt, dass er wenig Geld hat.*
Paul veut savoir si j'ai de l'argent.	*Paul will wissen, ob ich Geld habe.*

Die Zeitenfolge in der indirekten Rede und in der indirekten Frage

Die Zeitenfolge in der Gegenwart

Steht das einleitende Verb im Präsens, so steht das Verb in der indirekten Rede oder Frage in der gleichen Zeit wie in der direkten Rede oder Frage:

Direkte Rede:	**Marie dit: « Je vais partir en vacances. »** *Marie sagt: „Ich werde in Urlaub fahren."*
Indirekte Rede:	**Marie dit qu'elle va partir en vacances.** *Marie sagt, dass sie in Urlaub fahren wird.*

Die Zeitenfolge in der Vergangenheit

Wenn Sie die indirekte Rede in der Vergangenheit benutzen, dann gilt es einige Besonderheiten im Hinblick auf die Verwendung der Zeiten zu beachten:

Direkte Rede	Indirekte Rede
Präsens ▶	Imparfait
Il a dit: « Elle va au cinéma. »	**Il a dit qu'elle allait au cinéma.**
Er hat gesagt: „Sie geht ins Kino."	*Er hat gesagt, dass sie ins Kino geht.*

Passé composé ▸	Plus-que-parfait
Il avait dit: « Elle est allée au cinéma. »	**Il avait dit qu'elle était allée au cinéma.**
Er hatte gesagt: „Sie ist ins Kino gegangen."	*Er hatte gesagt, dass sie ins Kino gegangen war.*
Imparfait ▸	Imparfait
Il disait: « Elle allait au cinéma. »	**Il disait qu'elle allait au cinéma.**
Er sagte: „Sie ging ins Kino."	*Er sagte, dass sie ins Kino gegangen sei.*
Plus-que-parfait ▸	Plus-que-parfait
Il a dit: « Elle était allée au cinéma. »	**Il a dit qu'elle était allée au cinéma.**
Er sagte: „Sie war ins Kino gegangen."	*Er sagte, dass sie ins Kino gegangen war.*
Futur I ▸	Konditional I
Il disait: « Elle ira au cinéma. »	**Il disait qu'elle irait au cinéma.**
Er sagte: „Sie wird ins Kino gehen."	*Er sagte, dass sie ins Kino gehen werde.*
Futur II ▸	Konditional II
Il a dit: « Elle sera allée au cinéma. »	**Il a dit qu'elle serait allée au cinéma.**
Er sagte: „Sie wird ins Kino gegangen sein."	*Er sagte, dass sie ins Kino gegangen sein würde.*
Konditional I ▸	Konditional I
Il disait: « Elle irait au cinéma. »	**Il disait qu'elle irait au cinéma.**
Er sagte: „Sie würde ins Kino gehen."	*Er sagte, dass sie ins Kino gehen würde.*
Konditional II ▸	Konditional II
Il a dit: « Elle serait allée au cinéma. »	**Il a dit qu'elle serait allée au cinéma.**
Er sagte: „Sie wäre ins Kino gegangen."	*Er sagte, dass sie ins Kino gegangen wäre.*

Steht das einleitende Verb in einer Zeit der Vergangenheit, also im Passé composé, Imparfait oder Plus-que-parfait, dann verändert sich die zu verwendende Zeit im Nebensatz gegenüber der direkten Rede oder Frage in einigen Zeiten:

Direkte Rede / Frage		Indirekte Rede / Frage
Präsens	▸	**Imparfait**
Passé composé	▸	**Plus-que-parfait**
Futur I	▸	**Konditional I**
Futur II	▸	**Konditional II**
Imparfait	bleibt	**Imparfait**
Plus-que-parfait	bleibt	**Plus-que-parfait**
Konditional I	bleibt	**Konditional I**
Konditional II	bleibt	**Konditional II**

 Diese Zeitenverschiebung gilt übrigens nicht nur in der indirekten Rede/Frage, sondern auch in anderen Nebensätzen, z. B.:

Präsens	**Je crois que tu es en vacances.**
	Ich glaube, dass du in den Ferien bist.
Imparfait	**Je croyais que tu étais en vacances.**
	Ich glaubte, dass du in den Ferien seiest.

LEICHT GEMERKT

Merken Sie sich, dass die Verschiebung der Zeitformen in der indirekten Rede *nur dann* stattfindet, wenn das einleitende Verb in der Vergangenheit (also im **Imparfait, Passé composé, Passé simple** oder **Plus-que-parfait**) steht.
Die Verschiebung der Zeiten können Sie sich auch ganz leicht merken, denn es werden nur die folgenden vier Zeiten verschoben:

Präsens	▸	Imparfait
Passé composé	▸	Plus-que-parfait
Futur I	▸	Konditional I
Futur II	▸	Konditional II

LES NUMÉRAUX ET LES INDICATIONS DU TEMPS – *ZAHLEN UND ZEITANGABEN*

1. Die Grundzahlen

0	**zéro**		70	**soixante-dix**
1	**un, une**		71	soixante et onze
2	**deux**		72	**soixante-douze**
3	**trois**		73	**soixante-treize**
4	**quatre**		74	**soixante-quatorze**
5	**cinq**		75	**soixante-quinze**
6	**six**		76	**soixante-seize**
7	**sept**		77	**soixante-dix-sept**
8	**huit**		78	**soixante-dix-huit**
9	**neuf**		79	**soixante-dix-neuf**
10	**dix**		80	**quatre-vingts**
11	**onze**		81	**quatre-vingt-un/une**
12	**douze**		82	**quatre-vingt-deux**
13	**treize**		83	**quatre-vingt-trois**
14	**quatorze**		90	**quatre-vingt-dix**
15	**quinze**		91	**quatre-vingt-onze**
16	**seize**		92	**quatre-vingt-douze**
17	**dix-sept**		100	**cent**
18	**dix-huit**		101	**cent un/une**
19	**dix-neuf**		102	**cent deux**
20	**vingt**		110	**cent dix**
21	**vingt et un/une**		153	**cent cinquante-trois**
22	**vingt-deux**		200	**deux cents**
23	**vingt-trois**		210	**deux cent dix**
24	**vingt-quatre**		300	**trois cents**
25	**vingt-cinq**		385	**trois cent quatre-vingt-cinq**
26	**vingt-six**		400	**quatre cents**
27	**vingt-sept**		500	**cinq cents**
28	**vingt-huit**		600	**six cents**
29	**vingt-neuf**		700	**sept cents**
30	**trente**		800	**huit cents**
31	**trente et un/une**		900	**neuf cents**
32	**trente-deux**		1000	**mille**
33	**trente-trois**		1001	**mille un/une**
40	**quarante**		1140	**mille cent quarante**
41	**quarante et un/une**		2000	**deux mille**
44	**quarante-quatre**			
50	**cinquante**			
51	**cinquante et un/une**		1 000 000	**un million**
56	**cinquante-six**		2 000 000	**deux millions**
60	**soixante**		1 000 000 000	**un milliard**
61	**soixante et un/une**		2 000 000 000	**deux milliards**
67	**soixante-sept**			

 1. Wenn hinter Zahlen mit **un** bzw. **une** ein Substantiv folgt, so steht bei männlichen Substantiven **un** und bei weiblichen Substantiven **une**, z. B.:

J'ai quatre-vingt-un livres.   *aber:*   **J'ai vingt et une jupes.**
Ich habe 81 Bücher.   *Ich habe 21 Röcke.*

Wussten Sie, dass *vierzehn Tage* (14) auf Französisch mit **quinze jours** (15) übersetzt werden? Das liegt daran, dass sie 30 Tage halbieren, während Deutsche zwei Wochen à je 7 Tage rechnen!

---

2. Bei 21, 31, 41, 51 und 61 steht zwischen Zehnern und Einern **et**, z. B.:

21	**vingt et un**
61	**soixante et un**

Ebenso steht bei 71 das **et**:

soixante et onze

Bei 81, bei den Hundertern und Tausendern folgt **un/une** ohne das Wörtchen **et**, z. B.:

201	**deux cent un**
1001	**mille un usw.**

3. Bei den restlichen Zahlen von 17 bis 100 werden die Zehner und Einer mit einem Bindestrich verbunden:

17	**dix-sept**
22	**vingt-deux**
34	**trente-quatre**

4. Die Zahl **quatre-vingts** (80) wird mit **-s** geschrieben.
Bei 81–99 fällt das **-s** weg, z. B.:

81	**quatre-vingt-un/une**
97	**quatre-vingt-dix-sept usw.**

5. Nur die vollen Hunderter erhalten ein **-s**, z. B.:

200	**deux cents**
300	**trois cents usw.**

Folgt dem Hunderter eine weitere Zahl, fällt das **-s** weg, z. B.:

208   deux cen**t** huit

6. An Hunderter, Tausender, Millionen und Milliarden werden die anderen Zahlen ohne Bindestrich angehängt, z. B.:

245	deux cen**t** **q**uarante-cinq
1005	mill**e** **c**inq
2 100 000	deux million**s** **c**ent mille

7. **Mille** ist unveränderlich, z. B.:

2000   deux mille

Wussten Sie, dass das Wort mille aus dem Lateinischen und in vielen Wörtern wiederzufinden ist? Denken Sie an Millimeter, Milligramm, Milliliter etc. In diesen Wörtern drückt es ein Tausendstel aus.

LEICHT GEMERKT

---

8. Folgt auf **milliard** oder **million** ein Substantiv, so wird **de** eingefügt, wenn es sich um runde Zahlen handelt, denen keine weiteren Zahlen folgen:

Il me faut encore trois millions d'euros pour acheter cette maison.
Mais j'ai déjà un million cent mille euros.
Ich brauche noch drei Millionen Euro, um dieses Haus zu kaufen. Aber ich habe schon eine Million einhunderttausend Euro.

Sie werden die französische Schweiz und das französische Belgien lieben, wenn Sie sehen werden, wie einfach dort 70, 80 und 90 sind. In der französischsprachigen Schweiz und in Belgien werden **septante** für 70 und **nonante** für 90 benutzt. **Huitante** für 80 kommt nur in der Schweiz vor. Die Einer werden an die Zehner wie von 20–69 angehängt, z. B.:

72	septante-deux
94	nonante-quatre

9. Im Französischen gibt es im Gegensatz zum Deutschen zwei Möglichkeiten, Jahreszahlen auszusprechen, wobei die erste Variante in Frankreich bevorzugt wird.

1994   mille neuf cent quatre-vingt-quatorze
                dix-neuf cent quatre-vingt-quatorze

Die Zahlen von 1 - 20 und die Zehnerzahlen lernen Sie am besten auswendig. Die übrigen Grundzahlen können Sie dann ganz einfach bilden! Beachten Sie jedoch, dass drei Zehnerzahlen unregelmäßig sind. Diese können Sie sich aber jeweils leicht mit einer kleinen Rechenaufgabe merken:

70	soixante-dix	= 60 + 10
80	quatre-vingts	= 4 x 20
90	quatre-vingt-dix	= 4 x 20 + 10

2. Die Ordnungszahlen

1$^{er/ère}$	le premier/la première	17^e	le/la dix-septième
2^e	le/la deuxième *oder*	18^e	le/la dix-huitième
2$^{nd/nde}$	le second/la seconde	19^e	le/la dix-neuvième
3^e	le/la troisième	20^e	le/la vingtième
4^e	le/la quatrième	21^e	le/la vingt et unième
5^e	le/la cinquième	22^e	le/la vingt-deuxième
6^e	le/la sixième	23^e	le/la vingt-troisième
7^e	le/la septième	30^e	le/la trentième
8^e	le/la huitième	70^e	le/la soixante-dixième
9^e	le/la neuvième	71^e	le/la soixante et onzième
10^e	le/la dixième	80^e	le/la quatre-vingtième
11^e	le/la onzième	81^e	le/la quatre-vingt-unième
12^e	le/la douzième	90^e	le/la quatre-vingt-dixième
13^e	le/la treizième	91^e	le/la quatre-vingt-onzième
14^e	le/la quatorzième	97^e	le/la quatre-vingt-dix-septième
15^e	le/la quinzième		
16^e	le/la seizième	100^e	le/la centième

Die Ordnungszahlen werden gebildet, indem man die Endung **-ième** an die jeweilige Grundzahl anhängt.
Bei Grundzahlen, die auf **-e** enden, fällt das **-e** weg.
Da **premier** nicht mit anderen Zahlen verbunden werden kann, benutzt man ab 21 **unième**, so zum Beispiel **vingt et unième, trente et unième**.
Der Artikel wird vor den Ordnungszahlen nie apostrophiert,
z. B. la huitième, le onzième.

LEICHT GEMERKT

Um einige Ordnungszahlen zu üben, können Sie folgende Beispiele lernen, in denen Sie die Zahl beliebig ändern können:

Mon fils est en sixième.   *Mein Sohn ist in der 6. Klasse.*
Nous habitons au treizième étage.   *Wir wohnen im dreizehnten Stock.*

Haben Sie schon bemerkt, dass es für *der/die/das Zweite* **le/la deuxième** und **le second/la seconde** gibt?

Dann haben Sie sich sicherlich auch schon gefragt, wie die beiden verwendet werden.

Das ist ganz einfach, denn meist sind sie austauschbar. Allerdings wird **deuxième** bevorzugt benutzt.

Ebenso gibt es feststehende Ausdrücke, wo **le second/la seconde** gebraucht wird, z. B. **la Seconde Guerre mondiale**.

Da **le second/la seconde** nicht mit anderen Zahlen verbunden werden kann, benutzt man ab 22 **deuxième**, z. B. **vingt-deuxième** usw.

Hinsichtlich des Gebrauchs der Ordnungszahlen im Französischen gibt es einige Unterschiede zum Deutschen, da in Frankreich die Ordnungszahlen nicht so häufig gebraucht werden.

Folgende Unterschiede sind wichtig:

1. Wie im Deutschen steht im Französischen bei Datumsangaben für den ersten Tag des Monats und bei Herrschernamen für den ersten Träger des Herrschernamens die Ordnungszahl:

    le premier mai   *der erste Mai*
    Napoléon premier   *Napoleon der Erste*

    Abweichend vom Deutschen wird bei den folgenden Tagen oder Herrschern die Grundzahl verwendet:

    le deux mai, le trois mai   *der zweite Mai, der dritte Mai*
    Napoléon trois   *Napoleon der Dritte*

2. Bei Ausdrücken mit *jede/jedes/jeder ...* wird im Deutschen die Ordnungszahl und im Französischen die Grundzahl verwendet. Der Ausdruck wird mit **un/une** + Grundzahl wiedergegeben:

Il va à la piscine un jour sur deux.
oder:
Il va à la piscine tous les deux jours.

Er geht jeden zweiten Tag ins Schwimmbad.

LEICHT GEMERKT

Hier finden Sie weitere Beispiele, wie man auf Französisch sagt:

Sie sehen sich jedes zweite Wochen-ende.

Ils se voient un week-end sur deux.

Ich muss jedes zweite Blatt falten.

Je dois plier une feuille sur deux.

---

3. Die Bruchzahlen

Die Bruchzahlen haben mit den Ordnungszahlen viel gemeinsam, da der Nenner die gleiche Form wie die Ordnungszahl hat, z. B. **un cin-quième** (1/5).

Mit Ausnahme von **un demi, un tiers** und **un quart** hat der Nenner der Bruchzahl, d.h. die untere Zahl, die gleiche Form wie die Ordnungszahl. Ist der Zähler, d.h. die obere Zahl, größer als 1, dann erhält die Ord-nungszahl ein Plural **-s**.

1/2	=	**un demi**	1/5	=	**un cinquième**
1/3	=	**un tiers**	5/6	=	**cinq sixièmes**
1/4	=	**un quart**	8/10	=	**huit dixièmes**
1/6	=	**un sixième**			

4. Die Datumsangabe

Abweichend vom Deutschen erfolgt im Französischen nur die Angabe des ersten Tages im Monat mit der Ordnungszahl. Die folgenden Tage werden mit der Grundzahl zum Ausdruck gebracht.

Außerdem wird das Datum immer nur mit dem Artikel benannt, selbst wenn im Deutschen eine Präposition steht:

On est le combien aujourd'hui?	*Den wievielten haben wir heute?*
On est le premier janvier?	*Den ersten Januar?*
– Non, on est le deux (janvier).	*– Nein, wir haben den zweiten (Januar).*
Quand est-ce que tu pars en vacances?	*Wann fährst du in Urlaub?*
– Moi, je pars le dix janvier.	*– Ich fahre am zehnten Januar.*

5. Die Zeitangabe

Die umgangssprachliche Zeitangabe

Die Zeitangabe in der Umgangssprache erfolgt etwas anders als im Deutschen.

1.⁰⁰	**Il est une heure.**
2.⁰⁰	**Il est deux heures.**
2.¹⁰	**Il est deux heures dix.**
2.¹⁵	**Il est deux heures et quart.**
2.²⁹	**Il est deux heures vingt-neuf.**
2.³⁰	**Il est deux heures et demie.**
2.³¹	**Il est trois heures moins vingt-neuf.**
2.⁴⁰	**Il est trois heures moins vingt.**
2.⁴⁵	**Il est trois heures moins le quart.**
12.⁰⁰	**Il est midi.**
12.¹⁵	**Il est midi et quart.**
00.⁰⁰	**Il est minuit.**
00.³⁰	**Il est minuit et demi.**

In der gesprochenen Sprache werden die Stunden ab Mittag bis Mitternacht von 1 bis 11 gezählt.
Die Minuten werden bis halb zur vorhergehenden Stunde einfach hinzugezählt. Nur bei Viertel steht zwischen der Stunde und **quart** das Wörtchen **et**. Nach halb werden die Minuten von der nächsten vollen Stunde mit Hilfe von **moins** abgezogen.
Bei Viertel vor/drei viertel steht zwischen **moins** und **quart** der bestimmte Artikel **le**.

Die offizielle Zeitangabe

Die Angabe der offiziellen Uhrzeit erfolgt auf Bahnhöfen, Flughäfen, im Radio usw. Sie werden die offizielle Zeitangabe lieben, da sie wie im Deutschen erfolgt:

03.00	**Il est** trois **heures.**
15.00	**Il est** quinze **heures.**
16.15	**Il est** seize **heures** quinze.
16.30	**Il est** seize **heures** trente.
16.35	**Il est** seize **heures** trente-cinq.
16.45	**Il est** seize **heures** quarante-cinq.

Bei der offiziellen Zeitangabe werden die Minuten zur vorhergehenden Stunde hinzugezählt. Dies gilt auch für die Minuten nach halb. Viertel nach, viertel vor und halb werden ebenfalls mit den Grundzahlen ausgedrückt.

LEICHT GEMERKT

So drückt man das Datum auf Französisch aus:
bestimmter Artikel + Grundzahl + Monat (+ Jahr)
bestimmter Artikel + Ordnungszahl beim 1. + Monat (+Jahr)

On est le deux janvier 2014   *Heute haben wir den 2. Januar 2014.*
aujourd'hui.
Le premier mai **est un jour férié**   *Der erste Mai ist in Frankreich ein*
en France.   *Feiertag.*

Wenn man einen Zeitraum in Tagen angeben will, verwendet man die Präpositionen **du... au...**:

Je suis en congés du 14 au 20   *Ich bin vom 14. bis zum 20. Oktober*
octobre.   *in Urlaub.*

Hier finden Sie noch einmal die Monate auf einem Blick:

janvier, février, mars
avril, mai, juin
juillet, août, septembre
octobre, novembbre, décembre

Es gibt zwei Formen der Zeitangabe:

- die umgangssprachliche Zeitangabe:

  Man zählt nur bis 11 und zieht ab halb die Minuten von der vollen Stunde ab.

deux heures dix	*zwei/vierzehn Uhr 10*
deux heures et quart	*Viertel nach zwei*
deux heures et demie	*halb drei*
trois heures moins vingt	*zwanzig vor drei*
trois heures moins le quart	*Viertel vor drei*
midi	*Mittag*
minuit	*Mitternacht*

- die offizielle Zeitangabe:

  Die Minuten werden zu den vorhergehenden Stunden hinzugezählt:

deux heures	*zwei Uhr*
quatorze heures	*vierzehn Uhr*
quatorze heures quinze	*vierzehn Uhr fünfzehn*
quatorze heures quarante	*vierzehn Uhr vierzig*
trois heures quarante-cinq	*drei Uhr fünfundvierzig*

Wenn man einen Zeitraum in Stunden angeben will, verwendet man die Präpositionen **de... à...**:

Je travaille de 8 à 14 heures. *Ich arbeite von 8 bis 14 Uhr.*
Elle fait sa pause de midi à quatorze heures. *Sie macht ihre Pause zwischen zwölf und vierzehn Uhr.*

LES PRÉPOSITIONS –
DIE PRÄPOSITIONEN

 Die Präpositionen werden im Französischen anders verwendet als im Deutschen. Lernen Sie deshalb die Präpositionen immer mit.

1. Die Präpositionen des Ortes

Die Präposition *à*: in, nach

Die Präposition **à** dient der Angabe von Zielen oder Aufenthaltsorten in abstrakter, allgemeiner Weise.
Mit dem bestimmten Artikel geht **à** folgende Verbindungen ein:

à	+	le	=	au
à	+	les	=	aux

Maria habite à Lisbonne au Portugal. Elle va souvent à la plage. Cet été, elle veut aller aux Etats-Unis.
Maria wohnt in Lissabon in Portugal. Sie geht oft an den Strand. Diesen Sommer möchte sie in die Vereinigten Staaten fahren.

 Denken Sie daran, dass Ziele oder Aufenthaltsorte von weiblichen Ländern mit der Präposition **en** ausgedrückt werden:

Je vais en France. *Ich gehe nach Frankreich.*

Vor Städten verwendet man ebenfalls die Präposition **à**:

J'habite à Lille. *Ich wohne in Lille.*
Vous allez à Marseille ce week-end? *Fahrt ihr dieses Wochenende nach Marseille?*

Die Präposition *chez*: bei, zu

Die Präposition **chez** dient der Angabe von Zielen und Aufenthaltsorten bei Personen oder belebten Wesen, z. B. bei Firmennamen:

On va chez Paul? *Gehen wir zu Paul?*

– Non, j'ai rendez-vous chez le dentiste.	*– Nein, ich habe einen Termin beim Zahnarzt.*
M. Dubois travaille chez PONS.	*Herr Dubois arbeitet bei PONS.*

Die Präposition *dans*: in, in ... hinein

Die Präposition **dans** dient der Angabe von konkreten Ortsangaben, z. B. in Räumen:

Elle habite dans un quartier de Paris où les enfants ne peuvent pas jouer dans la rue.
Sie wohnt in einem Viertel in Paris, wo die Kinder nicht auf der Straße spielen können.

Die Präposition *de*: von, aus

Die Präposition **de** gibt die Herkunft, den Ursprung oder den Ausgangs-punkt an.
Mit dem bestimmten Artikel geht **de** folgende Verbindungen ein:

de	+	le	=	du
de	+	les	=	des

Vor Vokal und stummem **h** wird **de** zu **d'**.

Moi, je suis de France, mais mon mari est d'Allemagne. Maintenant nous venons de Suisse.
Ich bin aus Frankreich, aber mein Mann ist aus Deutschland. Jetzt kommen wir aus der Schweiz.

Die Präposition *en*: in, nach

Die Präposition **en** steht bei Aufenthaltsorten und Zielen von weibli-chen Ländernamen, bei Provinzen und Regionen und in bestimmten Ausdrücken:

J'habite en France. Je vais partir en vacances en Provence.
Ich wohne in Frankreich. Ich fahre in den Ferien in die Provence.

Die Präposition *par*: durch

Die Präposition **par** bezeichnet das Durchqueren eines Raumes und steht meist in Verbindung mit Verben der Bewegung:

Pour aller en Italie, on passe par la Suisse.
Um nach Italien zu fahren, fährt man durch die Schweiz.

Das üblichste Verb mit par ist passer, es gibt aber auch andere:

Il est venu par la Belgique.   *Er ist durch Belgien hergekommen.*
Ils ont pris le chemin par la forêt.   *Sie haben den Weg durch den Wald genommen.*

Die Präposition *pour*: nach

Die Präposition **pour** bezeichnet den Zielpunkt einer Reise, z. B. ein Land oder eine Stadt in Verbindung mit den Verben **partir** und **s'embarquer**:

Ce matin, ils sont partis pour Paris.   *Heute Morgen sind sie nach Paris gefahren.*

Die Präposition *vers*: in Richtung, nach

Die Präposition **vers** bezeichnet das Ziel einer Bewegung, z. B. ein Land, eine Stadt, eine Himmelsrichtung oder eine Person:

On va vers l'ouest.   *Wir fahren gen Westen.*

Weitere örtliche Präpositionen

Die hier aufgeführten örtlichen Präpositionen weisen für Deutschsprachige keine Schwierigkeiten auf.
Folgende weitere örtliche Präpositionen stehen zur Verfügung:

à côté de (*neben*)
Le garage est à côté de la maison.   *Die Garage ist neben dem Haus.*

à droite de (rechts)	
À droite du garage, il y a la boulangerie.	Rechts neben der Garage ist die Bäckerei.
à gauche de (links)	
À gauche de la voiture, il y a un arbre.	Links neben dem Auto ist ein Baum.
au bout de (am Ende von)	
Au bout de la rue, il y a l'école de Luc.	Am Ende der Straße ist die Schule von Luc.
au fond de (hinten)	
Au fond du garage, il y a le vélo de Luc.	Hinten in der Garage steht Lucs Fahrrad.
derrière (hinter)	
Le chien est derrière la voiture.	Der Hund ist hinter dem Auto.
devant (vor)	
Luc est devant la maison.	Luc ist vor dem Haus.
en face de (gegenüber)	
La maison est en face de l'hôtel.	Das Haus ist gegenüber dem Hotel.
entre (zwischen)	
Le petit frère de Luc est entre la voiture et la maison.	Der kleine Bruder von Luc ist zwischen dem Auto und dem Haus.
loin de (weit von)	
La maison est loin de la piscine.	Das Haus ist weit weg vom Schwimmbad.
près de (nahe bei)	
La maison est près de la gare.	Das Haus ist in der Nähe des Bahnhofs.
sous (unter)	
Le ballon est sous la voiture.	Der Ball ist unter dem Auto.
sur (auf)	
Le chat est sur le toit.	Die Katze ist auf dem Dach.

LEICHT GEMERKT

Vorsicht, im Deutschen ist die Präposition *vor* sowohl örtlich als auch zeitlich (siehe Präpositionen der Zeit) und wird dementsprechend im Französischen unterschiedlich wiedergegeben, nämlich mit **devant** für den Ort und **avant** für die Zeit:

Ton père est devant la maison.	*Dein Vater ist vor dem Haus.*
Il est arrivé avant lui.	*Er ist vor ihm angekommen.*

2. Die Präpositionen der Zeit

Die Präposition *à*: um, an, in

Die Präposition **à** bezeichnet genaue Zeitpunkte:

Le train arrive à six heures.	*Der Zug kommt um sechs Uhr an.*
Il fait froid à Noël.	*An Weihnachten ist es kalt.*
Elle s'est mariée à 30 ans.	*Sie hat mit 30 geheiratet.*

Man sagt **au printemps** aber **en été, en automne, en hiver**.

Die Präposition *à partir de*: von … an, ab

Die Präposition **à partir de** gibt den Anfangspunkt einer Handlung in der Gegenwart oder in der Zukunft an:

À partir d'aujourd'hui, il ne travaille plus.	*Seit heute arbeitet er nicht mehr.*
À partir de demain, elle fait des études.	*Ab morgen studiert sie.*

Die Präposition *après*: nach

Die Präposition **après** gibt einen Zeitpunkt an, der nach einem anderen Zeitpunkt oder Zeitraum in der Vergangenheit oder Zukunft liegt:

Je vais terminer mon travail après Noël.	*Ich werde meine Arbeit nach Weihnachten beenden.*

Die Präposition *avant*: vor

Die Präposition **avant** gibt einen Zeitpunkt an, der vor einem anderen Zeitpunkt oder Zeitraum in der Vergangenheit oder Zukunft liegt:

Je vais terminer mon travail avant Noël.	*Ich werde meine Arbeit vor Weihnachten beenden.*

Die Präposition *dans*: in, nach Ablauf von

Die Präposition **dans** wird verwendet, um einen zukünftigen Zeitpunkt auszudrücken:

Paul rentre dans dix minutes.	*Paul kommt in zehn Minuten zurück.*

Die Präposition *dès*: seit, von ... an

Die Präposition **dès** bezeichnet den Anfangszeitpunkt einer Handlung in der Vergangenheit, Gegenwart oder Zukunft:

Il est chef dès l'âge de 30 ans.	*Er ist Leiter seit er 30 Jahre alt ist.*
Il m'énerve dès son arrivé.	*Er nervt mich seit seiner Ankunft.*

Die Präposition *depuis*: seit

Die Präposition **depuis** bezeichnet den Anfangszeitpunkt eines Zeitraumes, der in der Vergangenheit beginnt und an die Vergangenheit oder Gegenwart heranreicht:

Il est chez PONS depuis dix ans.	*Er ist seit zehn Jahren bei PONS.*

Die Präposition *en*: im (Monat), im Jahre, innerhalb von

Die Präposition **en** steht vor den Jahreszeiten, die mit Vokal beginnen, sowie vor Monatsnamen und Jahreszahlen.
Außerdem bezeichnet **en** einen bestimmten Zeitraum, innerhalb dessen sich eine Handlung vollzieht:

Marie est née en 1996.	*Marie ist 1996 geboren.*
Il fait froid en hiver.	*Im Winter ist es kalt.*
Noël est en décembre.	*Weihnachten ist im Dezember.*
Peter a fait ses études en 5 ans.	*Peter hat innerhalb von 5 Jahren studiert.*

Bei Monatsnamen kann man statt **en** auch **au mois de** verwenden, z. B.:

Tout le monde part en vacances au mois d'août / en août.
Jeder fährt im August in Urlaub.

Die Präposition *entre ... et*: zwischen ... und

Die Präposition **entre ... et** bezeichnet einen Zeitraum, der zwischen zwei Zeitpunkten liegt:

Je vais travailler entre 8 heures et 10 heures.
Ich werde zwischen 8 und 10 Uhr arbeiten.

Die Präposition *il y a*: vor

Die Präposition **il y a** bezeichnet einen vergangenen Zeitpunkt:

Pierre a passé son bac il y a un an.	*Pierre hat vor einem Jahr sein Abi bestanden.*

Die Präposition *jusque*: bis

Die Präposition **jusque** bezeichnet den Endpunkt eines ununterbrochenen Zeitraumes, der in der Zukunft stattfindet oder in der Vergangenheit abgeschlossen wurde:

Nous attendons jusqu'à demain.	*Wir warten bis morgen.*
Nous restons jusqu'au 10 mars.	*Wir bleiben bis zum 10. März.*
Tu veux vraiment rester jusqu'à la fin ?	*Möchtest du wirklich bis zum Ende bleiben?*

Der Präposition **jusque** folgt gerne die Präposition **à**, woraufhin **jusque** sein **-e** verliert und zu **jusqu'à** wird.

Die Präposition *pendant*: während

Die Präposition **pendant** bezeichnet einen Zeitraum, der von einer Handlung ausgefüllt ist:

Il faisait beau pendant notre séjour.	*Es war schönes Wetter während unseres Aufenthaltes.*

Die Präposition *pour*: für (die Dauer von)

Die Präposition **pour** bezeichnet einen befristeten Zeitraum, der einem bestimmten Ziel unterworfen ist:

Il va à Paris pour deux semaines. *Er fährt für zwei Wochen nach Paris.*

Die Präposition *vers*: gegen, um

Die Präposition **vers** bezeichnet einen ungefähren Zeitpunkt:

J'arrive vers dix heures.	*Ich komme gegen zehn Uhr an.*
Il termine son travail vers le 18 février.	*Er beendet seine Arbeit um den 18. Februar herum.*

Vorsicht, im Französischen ist die Präposition **vers** sowohl örtlich als auch zeitlich (siehe Präpositionen des Ortes) und wird dementsprechend im Deutschen unterschiedlich wiedergegeben, nämlich mit *in Richtung* für den Ort und *gegen* für die Zeit:

Prenez l'autoroute vers Lyon.	*Nehmt die Autobahn in Richtung Lyon.*
On se retrouve vers cinq heures?	*Sehen wir uns gegen fünf Uhr?*

LEICHT GEMERKT

3. Modale Präpositionen

Die Präposition *à*: mit

Die Präposition **à** bringt Folgendes zum Ausdruck:

* Zweck:

   C'est un verre à vin. *Das ist ein Weinglas.*

* Art und Weise:

   Il faut écrire au crayon. *Man muss mit dem Bleistift schreiben.*

- Preisangabe:

  Le kilo est à dix euros.   *Das Kilo kostet zehn Euro.*

- Fortbewegungsart mit oder ohne Verkehrsmittel:

  On va à pied / à vélo au cinéma.   *Wir gehen zu Fuß / Wir fahren mit dem Fahrrad ins Kino.*

- Entfernung:

  L'hôtel est à dix kilomètres d'ici.   *Das Hotel ist 10 Kilometer von hier entfernt.*

Die Präposition *avec*: mit

Die Präposition **avec** bringt Folgendes zum Ausdruck:

- Mittel / Werkzeug:

  Il ouvre la porte avec la clé.   *Er öffnet die Tür mit dem Schlüssel.*

Die Präposition *de*: mit, aus, vor

Die Präposition **de** bringt Folgendes zum Ausdruck:

- Körperteil:

  Il fait signe de la tête.   *Er nickt mit dem Kopf.*

- Materialangabe:

  Regardez! C'est du bois massif.   *Seht mal! Das ist Massivholz.*

- Ursache:

  Ils ont crié de peur.   *Sie haben vor Angst geschrieen.*

- Mengenangabe:

  Il faut acheter deux litres de lait.   *Wir müssen zwei Liter Milch kaufen.*

Die Präposition *en*: mit, aus

Die Präposition **en** bringt Folgendes zum Ausdruck:

- Fortbewegung mit einem Transportmittel:

J'y vais en avion.   *Ich fliege im Flugzeug dorthin.*

- Materialangabe:

J'ai une montre en or.   *Ich habe eine goldene Uhr.*

 Denken Sie daran, dass man bei der Fortbewegung mit dem Fahrrad die Präposition **à** verwendet:

J'y vais à bicyclette.   *Ich fahre mit dem Fahrrad dorthin.*

Wenn Sie jedoch lieber das Wort **le vélo** benutzen möchten, können Sie beides sagen:

J'y vais à / en vélo   *Ich fahre mit dem Fahrrad dorthin.*

Die Präposition *par*: mit, durch, aus, pro

Die Präposition **par** bringt Folgendes zum Ausdruck:

- Mittel:

Cette lettre est arrivée par avion.   *Dieser Brief ist per Flugzeug angekommen.*

- Urheberbezeichnung:

J'ai appris la nouvelle par Jean.   *Ich habe die Nachricht durch Jean erfahren.*

- Beweggrund:

Il a avoué par peur d'aller en prison.   *Er hat gestanden, aus Angst ins Gefängnis zu gehen.*

- Verteilung:

La chambre coûte 100 € par personne.   *Das Zimmer kostet 100 € pro Person.*

Die Präposition *pour*: für

Die Präposition **pour** bringt Folgendes zum Ausdruck:

- Zweck:

Il travaille pour gagner de l'argent.	*Er arbeitet, um Geld zu verdienen.*

- Preisangabe:

J'ai acheté ce livre pour 20 €.	*Ich habe dieses Buch für 20 € gekauft.*

LEICHT GEMERKT

Manche Präpositionen (wie z. B. **à, de, dans, en, pour** usw.) können in unterschiedlichen Zusammenhängen benutzt werden, also für Ortsangaben, Zeitangaben oder auch in anderen Kontexten. Merken Sie sich die Präpositionen im Französischen deshalb am besten immer an einem konkreten Beispiel. Verzweifeln Sie nicht, wenn Sie die französischen Präpositionen nicht gleich auf Anhieb richtig verwenden – man wird Sie in der Regel trotzdem verstehen!

Hier sind einige Beispiele zum Üben:

Je pars à cinq heures.	*Ich fahre <u>um</u> fünf Uhr.*
Je vis à Paris.	*Ich lebe <u>in</u> Paris.*
Elle pense à lui.	*Sie denkt <u>an</u> ihn.*
Elle vient vers midi.	*Sie kommt <u>gegen</u> Mittag.*
Vous allez vers Lille ?	*Fahren Sie <u>in</u> Richtung Lille?*
Ils sont en France.	*Sie sind <u>in</u> Frankreich.*
Vous y allez en vélo !	*Sie fahren <u>mit</u> dem Fahrrad dorthin!*

LES CONJONCTIONS –
DIE KONJUNKTIONEN

Mithilfe von Konjunktionen kann man Sätze oder Satzteile miteinander verbinden. Man unterscheidet zwischen beiordnenden und unterordnenden Konjunktionen.

1. Beiordnende Konjunktionen

Beiordnende Konjunktionen verbinden gleichrangige Sätze, d.h. Hauptsätze, miteinander, z. B.:

Il pleut et Marc reste à la maison. *Es regnet und Marc bleibt zu Hause.*
J'avais rendez-vous avec Jean, *Ich hatte eine Verabredung mit Jean,*
mais il n'est pas venu. *aber er ist nicht gekommen.*

Zu den beiordnenden Konjunktionen zählen u.a.:

car	*denn*	**ni ... ni**	*weder ... noch*
donc	*also*	**ou**	*oder*
et	*und*	**ou ... ou**	*entweder ... oder*
mais	*aber*	**ou bien**	*oder*

Franzosen lernen schon in der Schule den folgenden Spruch, um sich die beiordnenden Konjunktionen zu merken, aus dem man die Konjunktionen **mais, ou, et, donc, or, ni, car** ableiten kann!

Mais où est donc Ornicar? *Wo ist denn Ornicar?*

2. Unterordnende Konjunktionen

Unterordnende Konjunktionen verbinden Haupt- und Nebensätze:

Il n'a plus de temps depuis qu'il *Er hat keine Zeit mehr, seitdem er*
doit travailler. *arbeiten muss.*
Quand j'aurai terminé le bac, je *Wenn ich das Abitur gemacht habe,*
ferai des études. *werde ich studieren.*
Je ne peux pas sortir ce soir *Ich kann heute Abend nicht ausgehen,*
parce que j'ai de la visite. *weil ich Besuch habe.*

Zu den unterordnenden Konjunktionen zählen u.a.:

à condition que*	*unter der Bedingung, dass*
afin que*	*damit*
après que	*nachdem*
avant que*	*bevor*
bien que*	*obwohl*
comme	*da*
de peur que*	*damit nicht*
depuis que	*seit, seitdem*
dès que	*sobald*
jusqu'à ce que*	*bis*
lorsque	*als, wenn*
malgré que*	*obwohl, obgleich*
parce que	*weil*
pendant que	*während*
pour que*	*damit*
pourvu que*	*vorausgesetzt, dass*
puisque	*da*
quand	*als, wenn*
quoique*	*obwohl*
sans que*	*ohne dass*
si	*wenn*
si bien que	*so dass*
supposé que*	*angenommen, dass*
tant que	*solange*

Nach den mit * gekennzeichneten Konjunktionen folgt der Subjonctif, z. B.:

Marie reste au lit jusqu'à ce que sa mère vienne.	*Marie bleibt im Bett, bis ihre Mutter kommt.*
Elle travaille pour que sa famille puisse vivre mieux.	*Sie arbeitet, damit ihre Familie besser leben kann.*

LEICHT GEMERKT

Bestimmt bereitet es Ihnen am Anfang noch etwas Schwierigkeiten sich zu merken, nach welchen unterordnenden Konjunktionen der Subjonctif folgt und nach welchen nicht. Am besten lernen Sie die folgenden Konjunktionen auswendig, die den Subjonctif im Nebensatz auslösen:

à condition que	unter der Bedingung, dass, nur wenn	**J'y vais à condition que tu viennes avec moi.** *Ich gehe nur hin, wenn du mitkommst.*

afin que	*damit*	**Je t'aide** afin que **tu aies plus de temps.** *Ich helfe dir, damit du mehr Zeit hast.*
avant que	*bevor*	**Dépêchez-vous** avant qu'ils **arrivent!** *Beeilt euch, bevor sie kommen!*
bien que	*obwohl*	**Il traverse au feu rouge** bien que **ce soit interdit.** *Er geht über die rote Ampel, obwohl das verboten ist.*
de peur que	*damit nicht*	De peur qu'**il la punisse, elle ne lui a rien dit.** *Damit er sie nicht bestraft, hat sie ihm nichts gesagt.*
jusqu'à ce que	*bis*	**J'attends** jusqu'à ce qu'**elle ait fini.** *Ich warte, bis sie fertig ist.*
malgré que	*obwohl, obgleich*	**Malgré qu'il dise la vérité, personne ne veut le croire.** *Obwohl er die Wahrheit sagt, will ihm keiner glauben.*
pour que	*damit*	**Je te prête de l'argent** pour que **tu puisses acheter cela.** *Ich leihe dir Geld, damit du dir das kaufen kannst.*
pourvu que	*vorausgesetzt, dass, hoffentlich*	Pourvu qu'**il m'écoute!** *Hoffentlich hört er auf mich!*
quoique	*obwohl, egal, was*	Quoique **tu fasses, cela ne changera rien.** *Egal, was du machst, es wird nichts ändern.*
sans que	*ohne, dass*	**Il est parti** sans que **je le sache.** *Er ist gegangen, ohne dass ich es wusste.*

Sie werden sehen, nach einer Weile bekommen Sie selbst ein Gespür dafür, wann man den Subjonctif benutzt und wann nicht!

ERKLÄRUNGEN WICHTIGER GRAMMATIKBEGRIFFE

A

Abkürzung: l'abbréviation
Kurzform, die nur in der Schriftsprache verwendet und in der mündlichen Rede vollständig ausgesprochen wird.
etc., c.-à-d., Mme, p.ex.

Ableitung
Bildung von Wörtern durch Anhängen von Präfixen und Suffixen und anderen Wortendungen an einen Wortstamm.
courage (Mut), courageux (mutig), encourager (ermutigen), découragement (Mutlosigkeit)

Ableitungspräfix
Präfix, mit dem neue Wörter gebildet werden können.
ré-, dé-, pré-

Ableitungssuffix
Suffix, mit dem neue Wörter gebildet werden können.
-eur, -(e)ment, -(i)aire, -able

absoluter Superlativ: le superlatif absolu
drückt unter Verwendung von Adverbien einen hohen Grad aus, ohne in Beziehung zu einem Vergleichsgegenstand zu stehen.
très intéressant (sehr interessant), extrêmement beau (wunderschön), tout à fait courant (sehr geläufig)

Accord: l'accord
Anpassung der Flexionsendungen z. B. bei Verb, Adjektiv, Pronomen nach dem Genus, Numerus und/oder der Person des Subjekts bzw. Bezugsworts.
nous parlons (wir reden), des boissons fraîches (kühle Getränke), leurs enfants (ihre Kinder), la photo que j'ai prise (das Foto, das ich gemacht habe)

Adjectif verbal
in Genus und Numerus veränderliche Verbform mit attributiver und prädikativer Funktion. Gebildet wie das participe présent.
Il connaît beaucoup d'histoires amusantes. (Er kennt viele unterhaltsame Geschichten.)

Adjektiv: l'adjectif
beschreibt, wie etwas beschaffen ist.
grand (groß), gentil (nett), joli (schön)

Adjektivattribut: l'adjectif attribut
Adjektiv, das als Attribut zu einem Nomen benutzt wird.

une voiture allemande (ein deutsches Auto), un enfant heureux (ein glückliches Kind),

Adverb: l'adverbe
Wortart, die die Umstände einer Handlung oder eines Geschehens beschreibt.
ici (hier), hier (gestern), lentement (langsam)

Adverbial: le complément circonstanciel
ein Satzglied, das die Umstände (örtlich, temporal, modal, kausal, final, konsekutiv, konzessiv, konditional, adversativ) beschreibt, unter denen eine Handlung geschieht.
Elle ouvre le parapluie, parce qu'il commence à pleuvoir. (Sie öffnet den Regenschirm, weil es anfängt zu regnen.);

Adverbialattribut: l'attribut adverbial
Attribut, das aus Adverbien besteht.
le chien dans le jardin (der Hund im Garten)

Adverbialpronomen: le pronom adverbial
unveränderliche Pronomen, die Präpositionalgruppen mit der Funktion eines indirekten Objekts oder einer adverbialen Ortsbestimmung vertreten.
J'en mange beaucoup. (Ich esse viel davon.)

Adverbialsatz: la proposition circonstancielle
steht für das Satzglied Adverbial des Hauptsatzes.
Elle ne va pas à l'école, parce qu'elle est malade. (Sie geht nicht zur Schule, weil sie krank ist.)

adversativ: opposé
einen Gegensatz ausdrückend.

Adversativsatz: la subordonnée d'opposition
Nebensatz, der einen Gegensatz zur Handlung des Hauptsatzes ausdrückt; wird eingeleitet durch die Konjunktionen **tandis que**, **alors que**, ...
Je travaille toute la journée, tandis que tu ne fais rien du tout. (Ich arbeite den ganzen Tag, während du überhaupt nichts tust.)

Aktiv: l'actif
Tatform bei Verben. Die Aktivformendes Verbs stellen die handelnde Person, also den Täter oder Urheber eines Geschehens, in den Vordergrund. Das Subjekt des Satzes hat eine aktive Rolle. Gegensatz: Passiv.
Il danse. (Er tanzt.)

Alternativfrage: la question offrant deux réponses
Frage mit zwei vorgegebenen Antwortmöglichkeiten.

Tu viens avec moi ou tu restes ici ? (*Kommst du mit mir oder bleibst du hier?*)

Anführungszeichen « »: les guillemets
umschließen wörtliche Rede und Zitate.
Il dit: « Je le vois pas. » (*Er sagt: „Ich sehe ihn nicht."*)

Anglizismus: l'anglicisme
Einführung und Benutzung englischer Wörter in der französischen Sprache.
le week-end (*Wochenende*), chatter (*chatten*)

Anrede: la salutation
Ansprache von Personen.
Mesdames et Messieurs (*Meine Damen und Herren*), chère Marie (*Liebe Marie*)
höfliche Anrede vous (*Sie*)

Antonym: l'antonyme
Wort, das das Gegenteil zu einem anderen ausdrückt.
chaud (*heiß*) – froid (*kalt*); tôt (*früh*) – tard (*spät*);

Apostroph ': l'apostrophe
Auslassungszeichen.
c'est (*das ist*), s'il (*falls er*), aujourd'hui (*heute*)

Apposition: l'apposition
besondere Form des Attributs: Eine nähere Erläuterung, die häufig als Einschub nach dem Nomen oder Pronomen steht, auf das sie sich bezieht.
M. Mathieu, le prof de français, est très gentil. (*Herr, Mathieu, der Französischlehrer, ist sehr nett.*)

Artikel: l'article
tritt in Verbindung mit Nomen als deren Begleiter auf. Bestimmter Artikel/Definitartikel (l'article défini)
le, la
Unbestimmter Artikel/Indefinitartikel (l'article indéfini)
un, une
Partitiver Artikel/Teilungsartikel (l'article partitif)
du, de la, de l'

Attribut: l'attribut
Satzgliedteil; ergänzt Satzglieder.
Nous allons acheter une nouvelle maison. (*Wir werden ein neues Haus kaufen.*)

Attributsatz: la phrase attributive
Nebensatz, der ein Attribut ersetzt.
Patrick, que j'ai vu ce matin, n'est pas venu au bureau. (*Patrick, den ich heute morgen gesehen habe, ist nicht ins Büro gekommen.*)

Aufforderungssatz: la demande
Befehlssatz, mit dem Befehle, Bitten, Vorschläge oder Forderungen formuliert werden.
(siehe auch Imperativ)

Ne me regarde pas comme ça. (*Schau mich nicht so an!*); Asseyez-vous. (*Setzt euch!*)

Ausrufesatz: la phrase exclamative
Satz, der einen Sachverhalt mit starker emotionaler Prägung ausdrückt.
Que c'est joli! (*Wie schön das ist!*)

Ausrufezeichen !: le point d'exclamation
Schlusszeichen vor allem bei Ausrufesätzen.
Écoutez bien! (*Hören Sie gut zu!*)

Aussagesatz: la phrase affirmative
einfacher Satz, mit dem Feststellungen, Mitteilungen oder Sachverhalte formuliert werden.
Florence chante. (*Florence singt.*)

B

Basiswort: le radical
Wort, dem Präfixe und/oder Suffixe angehängt werden können.
apporter (*herbringen*), emprisonner (*inhaftieren*)

Begleiter: les déterminants
zusammenfassender Begriff für Wortarten, die ein Nomen begleiten können.
le/un/ce/mon/quel/chaque ... cahier (*das/ein/dieses/mein/welches/jedes ... Heft*)

beiordnende Konjunktion ▶ nebenordnende Konjunktion: conjonctions de coordination
Konjunktion, die Aufzählungen und Reihungen ermöglicht.
et (*und*), ainsi que (*sowie*)

Besitzverhältnis: la possession
kann ausgedrückt werden durch Possessivbegleiter
mon, ton, ...,
Präpositionalausdrücke
la voiture de ma mère, c'est à moi

Betonung: l'accentuation
Bei mehrsilbigen Wörtern wird in der Regel die letzte Silbe betont, d. h. intensiver bzw. mit leicht nach oben gehender Stimme gesprochen.
le cinéma
Bei Sätzen wird vor allem das letzte Wort betont, einzelne andere Wörter je nach Aussageabsicht.
Il m'a appelée hier. (*Er hat mich gestern angerufen.*); Il m'a appelée hier. (*Er hat mich gestern angerufen.*)

Bezugswort: le mot de référence
Wort, auf das sich ein anderes Wort bezieht; z. B. haben alle Begleiter, Adjektive, Präpositionen und Relativpronomen Bezugswörter.
sous l'armoire (*unterm Schrank*); le chat que j'ai vu (*die Katze, die ich gesehen habe*)

Bindestrich -: le trait d'union
wird als Trennstrich verwendet.

Bruchzahlen: les fractions
Zahlwörter, die Teile eines Ganzen beschreiben.
un demi *(ein halb)*, un quart *(ein Viertel)*

C

Complément circonstanciel ▸ Adverbial

Complément d'objet direct ▸ direktes Objekt

Complément d'objet indirect ▸ indirektes Objekt

Conditionnel I: le conditionnel présent
Verwendung als Modus (Annahmen, Möglichkeiten, Wünsche, Hauptsatz zu einem irrealen Konditionalsatz) oder als Tempus (Futur du passé – Zukunft aus Sicht der Vergangenheit).
À ta place, je ne l'<u>appellerais</u> pas. *(An deiner Stelle würde ich ihn nicht anrufen.)*;

Conditionnel II: le conditionnel passé
Vergangenheitsform des Conditionnel I.
Je ne l'<u>aurais</u> pas <u>remarqué</u>. *(Ich hätte es nicht bemerkt.)*

D

Demonstrativbegleiter: déterminants démonstratifs
Begleiter, der auf eine bereits bekannte Sache bzw. Person hinweist.
<u>ce</u> livre *(dieses Buch)*, <u>cet</u> homme *(dieser Mann)*, <u>ces</u> bouteilles *(diese Flaschen)*

Demonstrativpronomen: pronoms démonstratifs
Pronomen, das auf eine bereits bekannte Sache bzw. Person hinweist.
celui(-ci/-là), celle(-ci/-là), ceux(-ci/-là), celles(-ci/-là), ce, ceci, cela *(dieser/diese/dieses)*

Diminutiv: le diminutif
Verkleinerungsform bei Nomen, die durch Anhängen bestimmter Suffixe entstehen.
fill<u>ette</u> *(kleines Mädchen)*, frér<u>ot</u> *(Brüderchen)*

direkte Rede: le discours direct
gibt eine Aussage wörtlich wieder. Wird auch wörtliche Rede genannt.
Il m'a dit : « Je te connais. » *(Er sagte zu mir: „Ich kenne dich.")*

direktes Objekt: le complément d'objet direct / COD
Satzglied, das direkt (ohne Präposition) an das Verb angeschlossen wird.
Il achète <u>un livre</u>. *(Er kauft ein Buch.)*

E

Eigenname: le nom propre
Name für Personen, Tiere, Gebäude, Städte, Flüsse, Länder. Im Französischen werden Eigennamen groß geschrieben.

einfache Verbfom: la forme simple
Verbform, die, abgesehen vom Personalpronomen, aus einem Wort besteht. Gegensatz: zusammengesetzte Verbform.
tu bois *(du trinkst)*, ils réfléchissaient *(sie überlegten)*

Entscheidungsfrage: la question offrant deux réponses
kann mit **Oui** oder **Non** beantwortet werden.
Est-ce que tu veux nous accompagner ? *(Willst du uns begleiten?)*

Entlehnung: l'emprunt
Übernahme eines Wortes aus einer Sprache in eine andere Sprache.
le handball *(Handball)*, le match de foot *(Fußballspiel)*, le sauna *(Sauna)*

Ergänzungsfrage: la question complémentaire
Satzgliedfrage, fragt nach einem Satzglied.
Qui est-ce qui a mangé le gâteau ? *(Wer hat den Kuchen gegessen?)*

Est-ce que-Frage: la question avec est-ce que
Fragesatztyp, der durch das Fragemorphem **est-ce que** eingeleitet wird und sowohl in der gesprochenen als auch in der geschriebenen Sprache verwendet wird. (siehe auch Entscheidungsfrage, Ergänzungsfrage)
Est-ce qu'ils sont à la maison ? *(Sind sie zu Hause?)*;

F

falscher Freund: le faux ami
Begriff für ein fremdsprachliches Wort, das einem französischen sehr ähnlich sieht, aber eine völlig andere Bedeutung hat.
groß (dt.) – grand, hier (dt.) - ici

feminin: féminin
weibliches Genus; Feminina sind grammatikalisch weibliche Substantive. Das Wort „Femininum" bzw. „féminin" wird oft mit **f.** abgekürzt.
<u>la</u> fleur *(die Blume)*

Finalsatz: la proposition circonstancielle de but
Nebensatz, der angibt, für welchen Zweck bzw. mit welcher Absicht die Handlung des Hauptsatzes erfolgt; steht im Subjonctif und wird eingeleitet durch die Konjunktionen **pour que**, **afin que**, **de peur que**, ...

Nous nous dépêchons pour que le travail soit terminé avant le week-end. *(Wir beeilen uns, damit die Arbeit vor dem Wochenende erledigt ist.)*

finite Form: la forme conjuguée
konjugierte (gebeugte) Form bei Verben.
je parle *(ich rede)*, vous verrez *(ihr werdet sehen)*, ils jouaient *(sie spielten)*

Fragesatz: la phrase interrogative
Es werden vor allem Entscheidungs- und Ergänzungsfragen unterschieden. (siehe auch Est-ce que-Frage, Intonationsfrage, Inversionsfrage)
Tu as vu mes clés ? *(Hast du meine Schlüssel gesehen?)*;
Qui est-ce qui m'a appelé ? *(Wer hat mich angerufen?)*

Fragewort: le mot interrogatif
leitet Fragesätze ein. Hierzu zählen Interrogativpronomen und -adverbien.
qui ? *(wer?)*, que ? *(was?)*, où ? *(wo?)*, quand ? *(wann?)*

Fragezeichen ?: le point d'interrogation
schließt Fragesätze ab.

Fremdwort: le mot étranger
Wort, das aus einer anderen Sprache ins Französische übernommen wurde und dessen Schreibung und Aussprache weitgehend erhalten sind.
les médias *(die Medien)*, les länder *(Bundesländer)*

Futur I ▶ Futur simple

Futur II ▶ Futur antérieur

Futur antérieur
bezeichnet ein in der Zukunft bereits abgeschlossenes Geschehen. Besteht aus der futur simple-Form der Hilfsverben **avoir/ être** und dem participe passé des jeweiligen Verbs. Wird im Deutschen meist mit Perfekt ausgedrückt.
Je t'appellerai quand j'aurai demandé à Julien.
(Ich werde dich anrufen, wenn ich Julien gefragt habe [= gefragt haben werde].)

Futur composé
besteht aus der konjugierten Präsensform von **aller** und dem Infinitiv des jeweiligen Verbs. Drückt ein in Bezug zur Gegenwart stehendes zukünftiges Geschehen aus.
Attends-moi. Je vais t'accompagner. *(Warte auf mich! Ich werde dich begleiten.)*

Futur proche ▶ Futur composé

Futur simple
drückt ein vom Sprechzeitpunkt deutlich abgehobenes zukünftiges Geschehen aus.

Un jour, il lui expliquera tout. *(Eines Tages wird er ihr alles erklären.)*

G

Gedankenstrich –: le tiret
gliedert einen Satz. Beim Lesen signalisiert er eine deutliche Pause. Er ist meist durch ein Komma, einen Doppelpunkt oder einen Strichpunkt ersetzbar.

Genus: le genre
grammatisches Geschlecht, das Dingen, Personen, Tieren und Pflanzen in der Grammatik zugewiesen wird.
Maskulin (männlich):
le fleuve *(der Fluss)*
Feminin (weiblich):
la fleur *(die Blume)*

Gerundium: le gérondif
durch **en** eingeleitete infinite Verbform mit adverbialer Funktion (ersetzt einen adverbialen Ausdruck bzw. einen Adverbialsatz mit gleichem Subjekt wie im Hauptsatz). Kann temporal, konditional oder modal gebraucht werden.
En arrivant chez lui, il a découvert un colis devant la porte. *(Als er nach Hause kam, hat er ein Paket vor der Tür entdeckt.)*;

H

h aspiré
h am Wortanfang, das wie ein Konsonant behandelt wird und somit die Liaison verhindert. Gegensatz: **h muet**.
le hasard *(Zufall)*, le hall *(Halle)*

Hauptsatz: la proposition principale
Ein Satz, der sinnvoll allein stehen kann und von keinem anderen Satz abhängt. Sätze, die einem Hauptsatz untergeordnet sind, heißen Nebensätze.
Je joue du piano. *(Ich spiele Klavier.)*

Hilfsverb: l'auxiliaire
Verben, die für die Bildung der zusammengesetzten Zeiten verwendet werden.
avoir, être, aller

historisches Präsens: le présent historique
wird aus stilistischen Gründen in literarischen Texten verwendet, um Spannung bei der Erzählung einer Handlung in der Vergangenheit zu erzeugen.
Ce soir-là, ils étaient en train de dîner. Tout à coup la lumière s'éteint et on entend un bruit bizarre dans le salon. *(An jenem Abend aßen sie gerade zu Abend. Plötzlich erlischt das Licht und man hört ein seltsames Geräusch im Wohnzimmer.)*

h muet

h am Wortanfang, das nicht als Konsonant gewertet wird und folglich mit dem vorangehenden Wort verschlissen werden kann. Gegensatz: **h aspiré**. (siehe auch Liaison)
l'haleine *(Atem)*, l'harmonie *(Harmonie)*

I

Imperativ: l'impératif
Eine der vier Aussageweisen (Modi) des Verbs, mit der Wünsche, Anweisungen oder Verbote ausgedrückt werden. (siehe auch Aufforderungssatz)
Ferme la porte. *(Mach die Tür zu!)*

Imparfait
bezeichnet den imperfektiven Aspekt einer Erzählung. Im Imparfait stehende Informationen beziehen sich auf die Begleitumstände des Geschehens (Schilderung von Gewohnheiten, Beschreibung von Gegebenheiten, Hintergrundinformationen).
Il faisait beau. *(Das Wetter war schön.)*;
Quand il était petit, il rêvait de devenir pompier. *(Als er klein war, träumte er davon, Feuerwehrmann zu werden.)*

Intransitives Verb: verbe intransitif
Verb, das keine Objekte zulässt.
dormir *(schlafen)*, tousser *(husten)*, mourir *(sterben)*

Indefinitpronomen: pronoms indéfinis
unbestimmtes Fürwort; wird gebraucht, wenn Personen oder Sachen nicht näher identifiziert oder ihre Anzahl, Menge, Größe usw. nicht genau bestimmt werden können oder sollen.
quelqu'un *(jemand)*, chacun *(jeder)*, tous *(alle)*, personne ne … *(niemand)*

Indikativ: l'indicatif
Eine der vier Aussageweisen (Modi) des Verbs, die für die Darstellung der Wirklichkeit genutzt wird.
Il joue au foot. *(Er spielt Fußball.)*

indirekte Rede: le discours indirect
gibt die ursprünglich direkte Äußerung eines anderen Sprechers sinngemäß und oft nur annähernd wortgetreu wieder.
Elle m'a dit qu'elle l'avait appelé. *(Sie hat mir gesagt, dass sie ihn angerufen habe.)*

indirekter Fragesatz: l'interrogation indirecte
gibt den ursprünglich direkten Fragesatz eines anderen Sprechers sinngemäß und oft nur annähernd wortgetreu wieder.
Elle aimerait savoir si tu as reçu sa carte postale. *(Sie wüsste gerne, ob du ihre Postkarte erhalten hast.)*;
Il m'a demandé quand je reviendrais. *(Er hat mich gefragt, wann ich zurückkommen würde.)*

indirektes Objekt: le complément d'objet indirect / COI
Satzglied, das mithilfe einer Präposition an das Verb angeschlossen wird.
Je donne un cadeau à mon frère. *(Ich gebe meinem Bruder ein Geschenk.)*

Infinitiv (der Gegenwart): l'infinitif présent
unkonjugierte/unflektierte/infinite Form des Verbs, unter der es im Wörterbuch gefunden werden kann.
faire *(machen)*, danser *(tanzen)*

Infinitivgruppe: le groupe infinitif
Wortgruppe, die aus einem Infinitiv sowie den jeweils von ihm abhängigen Konstruktionen besteht; kann die Funktion eines Subjekts-/Objekts-/Prädikativ-/Adverbialsatzes übernehmen.
Manger des fruits est bon pour la santé. *(Obst zu essen ist gut für die Gesundheit.)*

Infinitiv der Vergangenheit: l'infinitif passé
Verbindung aus dem Infinitiv der Hilfsverben **avoir/être** und dem participe passé des jeweiligen Verbs.
avoir dormi *(geschlafen haben)*, être rentré *(zurückgekommen sein)*

Initialwort: le sigle
Kurzwort, das aus Initialen, d. h. Anfangsbuchstaben einer Wortform oder einer Wortgruppe besteht.
CDD (contrat à durée déterminée – *befristeter Arbeitsvertrag*),
ONU (Organisation des Nations Unies - *UNO*),

Interjektion: l'interjection
Wort, das Empfindungen oder Geräusche beschreibt.
Aïe! *(Aua!)*, Plouf! *(Platsch!)*, Oh! *(Oh!)*
Auch Begrüßungswörter gehören dazu.
Salut! *(Hallo!/Hi!)*, Coucou! *(Kuckuck!/Huhu!)*

Interpunktion: la ponctuation
Zeichensetzung, die der Verdeutlichung von schriftsprachlichen Strukturen dient.

Interrogativadverb: l'adverbe interrogatif
Frageadverb zur Einleitung einer Ergänzungsfrage.
Quand? *(Wann?)*, Comment? *(Wie?)*

Interrogativbegleiter: le déterminant interrogatif
attributiv und prädikativ verwendeter Begleiter im Fragesatz.
Quel ami as-tu invité? *(Welchen Freund hast du eingeladen?)*;

Interrogativpronomen: le pronom interrogatif
Fürwort, das in direkten oder indirekten Fragesätzen verwendet wird.

Qui? *(Wer?)*, Que? *(Was?)*, Lequel? *(Welcher?)*

Intonation: l'intonation
Betonung. Das Heben und Senken der Stimme, vor allem bei Sätzen. (siehe auch Betonung, Intonationsfrage)

Intonationsfrage: la question d'intonation
Fragesatztyp, der die Stellung der Satzglieder des Aussagesatzes beibehält. Zur Markierung der interrogativen Absicht wird lediglich die Stimme am Satzende gehoben.
Tu viens avec nous? *(Kommst du mit uns?)*

intransitives Verb: le verbe intransitif
Verb, das keine Objekte zulässt; auch intransitives Verb genannt.
dormir *(schlafen)*, tousser *(husten)*, mourir *(sterben)*

Inversion: l'inversion
Positionierung des Subjekts direkt hinter die Personalform des Prädikats.
On peut trouver son bonheur, encore faut-il prendre des risques. *(Man kann sein Glück finden, allerdings muss man etwas riskieren.)*

Inversionsfrage: la question avec inversion
höfliche Art, Fragen zu stellen, indem Prädikat und Subjekt invertiert werden.
Avez-vous reçu ma lettre? *(Haben Sie meinen Brief erhalten?)*

....

K

Kardinalzahlen: les numéraux cardinaux
Grundzahlen; geben eine genaue Menge bzw. Anzahl von Personen, Dingen oder Sachverhalten an.
un *(eins)*, deux *(zwei)*, trois *(drei)*

kausal: causal
den Grund angebend.

Kausalsatz: la proposition circonstancielle de cause
Nebensatz, der die Begründung für die Handlung des Hauptsatzes liefert; wird eingeleitet durch die Konjunktionen **parce que, puisque,** ....
Elle ne peut pas venir parce qu'elle doit travailler. *(Sie kann nicht kommen, weil sie arbeiten muss.)*

Komma: la virgule
dient der Gliederung eines Textes mit dem Ziel, ihn für den Leser verständlicher und übersichtlicher zu machen.

Komparativ: le comparatif
zweite Stufe der Vergleichsformen des Adjektivs/Adverbs.
plus grand *(größer)*, aussi intelligent *(genauso intelligent)*, moins cher *(billiger)*,

plus près *(näher)*, aussi soigneusement *(genauso sorgfältig)*, moins vite *(langsamer)*, ... + que *(als/wie)*

Komparativsatz: la proposition circonstancielle de comparaison
Nebensatz, der einen Vergleich zum Inhalt des Hauptsatzes bietet; eingeleitet durch die Konjunktionen **comme, d'autant plus ... que, aussi ... que,** ....
Elle est aussi grande que tu l'étais à l'époque. *(Sie ist genauso groß wie du es damals warst.)*

Kompositum: le mot composé
Wort, das aus zwei oder mehr Wörtern zusammengesetzt ist.
l'arc-en-ciel *(Regenbogen)*, un chef-d'oeuvre *(Meisterwerk)*

konditional: conditionnel
die Bedingung angebend.

Konditionalsatz: la proposition circonstancielle de condition
Nebensatz, der eine Bedingung für die Handlung des Hauptsatzes stellt; wird eingeleitet durch die Konjunktionen **si, à condition que,** ....
Beim konditionalen Satzgefüge mit **si** wird unterschieden zwischen erfüllbaren/realen und unerfüllbaren/irrealen Bedingungen.
Si tu vas à Paris, tu verras la Tour Eiffel. *(Wenn du nach Paris gehst, wirst du den Eiffelturm sehen.)*;
S'il m'avait invitée, j'aurais été surprise. *(Wenn er mich eingeladen hätte, wäre ich überrascht gewesen.)*

Konjugation: la conjugaison
Veränderung des Verbs z. B. durch Anhängen verschiedener Endungen, um die voix (Aktiv oder Passiv), den Modus, die Person, den Numerus und die Zeit (Tempus) festzulegen.

Konjunktion: la conjonction
verbindet Satzglieder, Satzgliedteile und Sätze.
(siehe nebenordnende Konjunktion, unterordnende Konjunktion)
et *(und)*, ou *(oder)*, si *(wenn)*

Konjunktionaladverb: la conjonction adverbiale
Adverb, das Hauptsätze verbindet.
néanmoins *(nichtsdestoweniger)*, ainsi *(so, folglich)*

Konjunktionalsatz: la proposition avec conjonction de subordination
wird durch unterordnende Konjunktionen eingeleitet.
J'ai vendu ma voiture parce que je n'en avais plus besoin. *(Ich habe mein Auto verkauft, weil ich es nicht mehr benötigte.)*

konsekutiv: consécutif
eine Folge beschreibend.

Konsekutivsatz: la proposition circonstancielle de conséquence
Nebensatz, der eine Folge der Handlung des Hauptsatzes beschreibt.
La musique est tellement forte, qu'on ne peut pas dormir. *(Die Musik ist so laut, dass man nicht schlafen kann.)*

Konsonant: la consonne
Laut, der mit einer Enge oder einem Verschluss im Rachen- und Mundraum gebildet wird. Konsonanten können stimmhaft oder stimmlos sein.
b, c, d, f, g ...

Kontext: le contexte
Textzusammenhang.

Kontraktion: la contraction
Verschmelzung von Präposition und Artikel.
à + les à aux, de + le à du

konzessiv: concessif
einräumend.

Konzessivsatz: la proposition circonstancielle de concession/d'opposition)
Nebensatz, der eine Handlung ausdrückt, die im Widerspruch zur Handlung des Hauptsatzes steht; wird eingeleitet durch die Konjunktionen **bien que, quoique**, ...
Bien qu'elle soit malade, elle ne veut pas aller voir le médecin. *(Obwohl sie krank ist, will sie nicht zum Arzt gehen.)*

Kopfwort: l'abbréviation
Kurzwort, bei dessen Bildung der hintere Teil des ursprünglichen Wortes entfällt.
le bac (le baccalauréat – *Abitur*), la pub (la publicité – *Werbung*)

Kürzung: l'abbréviation
eines der Prinzipien der Wortbildung – Verkürzung von Wörtern.
Union européenne à UE *(europäische Union à EU)*

Kurzwort: l'abbréviation
Ergebnis einer Kürzung – eine Kurzform, die neben seiner Langform als eigenständiges Wort existiert. (siehe auch Initialwort, Kopfwort)
un prof (un professeur – *Lehrer*), le métro (le métropolitain – *U-Bahn*) , le bus (l'autobus – *Bus*)

L

Laut: le son
Grundbaustein der gesprochenen Sprache.

Lehnwort: le mot d'emprunt
Wort, das aus einer Sprache in eine andere Sprache auf dem Weg der Entlehnung übernommen wird.
le café *(Kaffee)*, la vodka *(Wodka)*

Liaison: la liaison
in bestimmten Konstellationen auftretende Aussprache eines ansonsten stummen Konsonanten am Wortende, wenn derselbe auf einen Vokal oder ein h muet am Anfang des folgenden Wortes trifft.
les enfants *(die Kinder)*, de temps en temps *(von Zeit zu Zeit)*

lokal: local
Ort oder Richtung betreffend.

Lokaladverb: l'adverbe de lieu
Adverb, das einen Ort oder eine Richtung angibt.
ici *(hier)*, là-bas *(dort)*, partout *(überall)*

M

männlich ▶ maskulin: maskulin

maskulin: masculin
männliches Genus; Maskulina sind grammatikalisch männliche Substantive. Das Wort „Maskulinum" bzw. „maskulin" wird oft mit **m.** abgekürzt.
le chien *(der Hund)*

modal: modal
Art und Weise betreffend.

Modalverb: l'auxiliaire modal
Verb, das die Art und Weise eines anderen Verbs oder einer Handlung näher bestimmt.
pouvoir *(können)*, devoir *(müssen)*, sembler *(scheinen)*

Modus: le mode
Im Französischen gibt es vier Aussageweisen des Verbs: Indicatif, Subjonctif, Conditionnel, Impératif.

N

Nachzeitigkeit: la postériorité
ein zeitliches Verhältnis der Handlungen in Haupt- und Nebensatz. Dabei findet die Handlung im Nebensatz zeitlich nach der Handlung im Hauptsatz statt.

nebenordnende Konjunktion:
la conjonction de coordination
Konjunktion, die gleichrangige Wörter, Wortgruppen und Sätze miteinander verbindet.
et *(und)*, ou *(oder)*, mais *(aber)*

Nebensatz: la proposition subordonnée
inhaltlich vom Hauptsatz abhängiger Satz, der nicht sinnvoll allein stehen kann.

Negation ▶ Verneinung: la négation

Nomen: le nom
Wort, das Lebewesen, Pflanzen, Gegenstände und nicht mit den Sinnen wahrnehmbare Dinge benennt.
la maison *(Haus)*, le soleil *(Sonne)*, l'espoir *(Hoffnung)*

Nominalgruppe: le groupe nominal
eine Gruppe zusammengehöriger Wörter, deren Kern ein Nomen ist.
un artiste connu *(ein bekannter Künstler)*

Numerale (Plural: Numeralien/Numeralia): numéraux
Zahlwort.
cinq *(fünf)*, sixième *(sechster)*

Numerus: le nombre
Singular (Einzahl) und Plural (Mehrzahl).
le journal *(Zeitung)*, les journaux *(Zeitungen)*

O

Objekt: le complément d'objet
ein Satzglied. (siehe direktes Objekt, indirektes Objekt)

On (man)
Indefinitpronomen, das als Subjekt eines Satzes im Sinne von **quelqu'un** (jemand)/ **les gens** (die Leute) verwendet wird. In der geschriebenen Sprache manchmal **l'on**. In der gesprochenen Sprache auch häufig für **nous** gebraucht.
On a sonné à la porte. *(Man/Jemand hat an der Tür geklingelt.)*;
On fera ça ce soir. *(Das werden wir heute Abend machen.)*

Onomatopoetikum (Plural: Onomatopoetika): l'onomatopée
Wort, mit dem man Geräusche und Tierlaute nachahmt, lautmalendes Element.
miaou *(miau)*, ouaf *(wuff)*, cocorico *(kikeriki)*

Ordinalzahlen: les numéraux ordinaux
Ordnungszahlen. Zahlwörter, die eine bestimmte Position in Reihenfolgen und Rangfolgen ausdrücken.
premier *(erster)*, deuxième/second *(zweiter)*, troisième *(dritter)*

P

Partizip Perfekt: Participe passé
verwendet als Adjektiv (in Genus und Numerus veränderlich) in attributiver oder prädikativer Funktion, in einer Partizipialkonstruktion mit adverbialer oder attributiver Funktion sowie zur Bildung der mit den Hilfsverben **avoir**/**être** zusammengesetzten Verbformen des Aktivs und aller Passivformen.
une fenêtre ouverte *(ein offenes Fenster)*;
Arrivé à l'hôtel, il a défait sa valise. *(Im Hotel angekommen, packte er seinen Koffer aus.)*;
Nous sommes allés au cinéma. *(Wir sind ins Kino gegangen.)*

Participe présent
infinite Verbform mit adverbialer, attributiver oder prädikativer Funktion.
Entrant dans la salle de classe, je vois le prof écrire au tableau. *(Als ich das Klassenzimmer betrete, sehe ich den Lehrer etwas an die Tafel schreiben.)*;
La fille, habitant au sixième étage, cherche un colocataire. *(Das Mädchen, das im sechsten Stock wohnt, sucht einen Mitbewohner.)*

Passé composé
bezeichnet den perfektiven Aspekt einer Erzählung. Im Passé composé stehende Informationen bilden den Vordergrund einer Erzählung und stellen die Ereignisse in ihrer zeitlichen Abfolge dar (v.a. einmalige Ereignisse und Handlungsketten in der Vergangenheit). Gebildet mit den Präsens-Formen der Hilfsverben **avoir/être** und dem participe passé.
Il s'est lévé, il a pris une douche et il a bu un café. *(Er ist aufgestanden, hat sich geduscht und einen Kaffee getrunken.)*

Passé simple
Im schriftlichen, literarischen Rahmen wird das Passé composé durch das Passé simple ersetzt.
Jean-Baptiste Poquelin naquit en 1622. *(Jean-Baptiste Poquelin wurde 1622 geboren.)*

Passiv: le passif
Beim Passiv steht ein Geschehen oder eine Handlung am Subjekt im Vordergrund. Das Subjekt des Satzes hat dabei eine passive Rolle. Hier wird also der Vorgang betont, die handelnde Person tritt in den Hintergrund. Gegensatz: Aktiv. Das Passiv wird mit einer konjugierten Form von **être** und dem participe passé gebildet.
Il a été arrêté. *(Er ist festgenommen worden.)*

passivische Reflexivkonstruktion: construction réfléchie passive
kann bei vielen transitiven Verben einen Passivsatz ersetzen. Der Urheber der Handlung wird nicht genannt.
Ce plat se mange chaud. *(Dieses Gericht wird heiß gegessen.)*

Person: la personne
Es gibt drei grammatische Personen, und zwar jeweils im Singular und im Plural.

Personalpronomen: les pronoms personnels
persönliches Fürwort; ersetzt die sprechende und die angesprochene Person ebenso wie die Person oder Sache, über die gesprochen

wird. (siehe unverbundene Personalpronomen, verbundene Personalpronomen)
je *(ich)*, te *(dich)*, nous *(wir, uns)*

Phonetik: la phonétique
Teil der Lautlehre, der beschreibt, wie die Laute der gesprochenen Sprache gebildet werden.

Plural: le pluriel
Mehrzahl.
des arbres *(Bäume)*, des chevaux *(Pferde)*

Plusquamperfekt: le plus-que-parfait
Vorvergangenheit. Wird gebildet mit der Imparfait-Form der Hilfsverben **avoir/être** und dem participe passé.
j'avais lu *(ich hatte gelesen)*, j'étais allé *(ich war gegangen)*

Possessivbegleiter: déterminants possessifs
Begleiter, der angibt, zu wem eine Person bzw. eine Sache gehört.
mon *(meiner)*, sa *(seine)*, votre *(euer)*, leurs *(ihre)*

Possessivpronomen: pronoms possessifs
Fürwort, das angibt, zu wem eine Person bzw. eine Sache gehört.
le mien *(der meine)*, la tienne *(der deine)*, les nôtres *(die unsrigen)*

Prädikat: le prédicat
ein Satzglied, das die finite (= die Konjugationsendung tragende) Verbform eines Satzes enthält. Mit dem Prädikat wird eine Aussage über das Subjekt, also den Satzgegenstand, gemacht.
Il écrit une lettre. *(Er schreibt einen Brief.)*

Präfix: le préfixe
Wortteil, der nicht als selbstständiges Wort vorkommt; wird einem anderen Wort vorangestellt und bildet mit diesem ein neues Wort.
prévu *(vorgesehen)*, apporter *(herbringen)*, la démontage *(der Abbau)*

Präposition: la préposition
Präpositionen setzen Wörter oder Wortgruppen zueinander in Beziehung und stellen ein Verhältnis zwischen ihnen her; sie werden daher auch Verhältniswörter genannt.
avec *(mit)*, sans *(ohne)*, pour *(für)*, devant *(vor)*

Präpositionalgruppe: le groupe prépositionnel
Wortgruppe mit einer Präposition; meist ist der Kern der Gruppe ein Nomen.
· Les enfants jouent dans le jardin. *(Die Kinder spielen im Garten.)*

Präsens: le présent
Gegenwart.
Je lis. *(Ich lese.)*; Vous dansez. *(Ihr tanzt.)*

Pronomen: pronoms
stehen stellvertretend für Nomen bzw. Nominalgruppen. Man unterscheidet Personal-, Adverbial-, Demonstrativ-, Possessiv-, Interrogativ-, Relativ- und Indefinitpronomen.
je *(ich)*, chacun *(jeder)*, quelqu'un *(jemand)*, on *(man)*

Punkt .: le point
Satzschlusszeichen, das den Leser über das Ende eines Satzes informiert. Ein Punkt steht nach Aussagesätzen und Aufforderungen.

R

Reflexivpronomen: pronoms réfléchis
rückbezügliches Fürwort; drückt meist aus, dass ein Geschehen oder eine Handlung auf das Subjekt oder Objekt eines Satzes zurückverweist.
me *(mich)*, te *(dich)*, se *(sich)*, nous *(uns)*, vous *(euch)*

reflexive Verben: verbes pronominaux
Diese Verben bringen entweder zum Ausdruck, dass sich ein Geschehen/eine Handlung auf das Subjekt des Satzes rückbezieht oder dass ein wechselseitiger Bezug zwischen den Handelnden besteht. Außerdem existieren einige reflexive Verben, bei denen das Reflexivpronomen einen rein formalen Bestandteil des Verbs ohne rückbezügliche Funktion darstellt.
s'habiller *(sich anziehen)*, se connaître *(sich kennen)*, s'en aller *(weggehen)*

regelmäßiges Verb: verbe régulier
Verb, dessen Formen sich durch seine Zugehörigkeit zu einer bestimmten Infinitivkategorie voraussagen lassen und dessen konjugierte Formen im Präsens nicht mehr als zwei Stämme haben. (siehe auch Verb)
choisir *(wählen)*, rendre *(zurückgeben)*

Relativpronomen: le pronom relatif
leitet einen Relativsatz ein.
Le château que tu vois à gauche est très vieux. *(Das Schloss, das du auf der linken Seite siehst, ist sehr alt.)*;
L'acteur qui avait été choisi jouait très bien. *(Der Schauspieler, der ausgewählt worden war, spielte sehr gut.)*;
Le spectacle dont je t'ai parlé était magnifique. *(Die Show, von der ich dir erzählt habe, war großartig.)*;
Le jardin, dans lequel tu vois beaucoup de fleurs, est à moi. *(Der Garten, in dem du viele Blumen siehst, gehört mir.)*

Relativsatz: la proposition relative
Nebensatz, der sich auf das Subjekt, ein Objekt oder ein Adverbial im Hauptsatz bezieht

bzw. diese ersetzt; wird durch ein Relativpronomen eingeleitet.
Est-ce que tu as lu le livre que je t'ai prêté ? (Hast du das Buch gelesen, das ich dir ausgeliehen habe?); *Dis-moi ce que tu veux faire.* (Sag mir, was du machen willst.)

rhetorische Frage: question rhétorique
Frage, auf die keine Antwort erwartet wird.
Es-tu devenu fou ? (Bist du verrückt geworden?)

S

Sammelzahlen: les nombres collectifs
bezeichnen teils eine genaue, teils eine ungefähre Anzahl.
une paire de chaussures (ein Paar Schuhe), une vingtaine d'années (zirka zwanzig Jahre)

Satzbau: la construction de la phrase
Zusammensetzung der Satzglieder.

Schrägstrich /: la barre oblique
ein Satzzeichen, das signalisiert, dass Wörter zusammengehören. Der Schrägstrich wird oft zur Angabe von Alternativen verwendet.

Semantik: la sémantique
Lehre von der Bedeutung eines Wortes oder Ausdrucks.

Semikolon ;: le point-virgule
Wird verwendet, wenn ein Komma eine zu schwache, aber ein Punkt eine zu starke Trennung zwischen zwei gleichrangigen Sätzen wäre. Durch Semikolon getrennte Sätze haben einen starken inhaltlichen Zusammenhang.

Silbe: la syllabe
Sprecheinheit in Wörtern.
com-men-cer (be-gin-nen)

Singular: le singulier
Einzahl.
un livre (Buch), une porte (Tür)

Steigerung: la progression
Mit Hilfe der Steigerung können Dinge miteinander verglichen oder Mengen- und Qualitätsunterschiede ausgedrückt werden. Nur Adjektive und Adverbien können gesteigert werden, also im Komparativ und im Superlativ auftreten. (siehe Positiv, Komparativ, Superlativ)
fort (stark) – plus fort (stärker) – le plus fort (am stärksten)

stimmhafte Laute: sonores
Laute, bei deren Bildung die Stimmlippen (Stimmbänder) durch die Luft aus der Lunge in Schwingung versetzt werden.
a, o, m, n

stimmlose Laute: sourds
Laute, bei deren Bildung die Stimmlippen (Stimmbänder) nicht in Schwingung versetzt werden.
f, k, p, t

Subjekt: le sujet
das Satzglied, das etwas tut bzw. mit dem etwas getan wird. Mit dem Subjekt wird benannt, worum es in dem Satz geht (Satzgegenstand).
La fille joue du piano. (Das Mädchen spielt Klavier.)

Subjonctif
Modus der Willensäußerung bzw. Stellungnahme. Hauptsächlich im mit **que** (dass) eingeleiteten Gliedsatz verwendet und meist durch ein Element im einleitenden Hauptsatz automatisch ausgelöst. **Subjonctif présent/passé** werden in der gesprochenen und der geschriebenen Sprache verwendet, **Subjonctif imparfait/plus-que-parfait** nur in der gehobenen geschriebenen Sprache.
Je veux que tu fasses attention. (Ich will, dass du aufpasst.);
Elle est très contente que nous soyons restés. (Sie ist sehr froh, dass wir geblieben sind.)

Substantiv ▸ Nomen: le substantif

Suffix: le suffixe
Wortteil, das nicht als selbstständiges Wort vorkommt; wird an ein Wort oder einen Wortstamm angehängt und bildet so ein neues Wort.
considérable (beträchtlich)

Superlativ: le superlatif
dritte, höchste Stufe der Vergleichsformen des Adjektivs /Adverbs, die auf einen Vergleichsgegenstand bezogen ist. (siehe auch absoluter Superlativ)
le plus vite (am schnellsten, der schnellste); la plus jolie fille (das schönste Mädchen)

Syntax: la syntaxe
Lehre vom Satzbau.

T

temporal: temporal
Zeit betreffend.

Temporalsatz: la proposition circonstancielle de temps
Nebensatz, der eine Handlung in ein zeitliches Verhältnis zum Hauptsatz setzt; wird z. B. eingeleitet durch die Konjunktionen **quand**, **après que, pendant que, avant que**, ...
Dépêche-toi avant qu'il ne soit trop tard. (Beeil dich, bevor es zu spät ist!)

Tempus (Plural: Tempora): le temps
Zeit, Zeitform. Es gibt im Französischen acht
Hauptzeiten (Tempora): présent, imparfait,
passé composé, passé simple, plus-que-
parfait, futur composé/proche, futur simple,
futur antérieur.

transitiv: transitif
ist ein Verb, das Objekte bei sich haben kann.
Il mange une pomme. (Er isst einen Apfel.);
Vous parlez au prof. (Ihr sprecht mit dem
Lehrer.)

U

Umgangssprache: la langue familière
Sprache, die im Alltag benutzt wird, aber
nicht im Schriftlichen.

unbestimmtes Zahlwort: le pronom indéfini
Zahlwort, das verwendet wird, wenn keine
genaue Anzahl/Menge angegeben werden
kann bzw. soll.
quelques-uns (einige), plusieurs (mehrere)

unpersönliches il: il impersonnel
ist Subjekt in Sätzen mit unpersönlichen
Verben bzw. in unpersönlichen Ausdrücken.
Il ne pleut plus. (Es regnet nicht mehr.);
il y a (es gibt); il faut (es ist nötig, man muss)

unpersönliches Passiv: le passif impersonnel
In der gesprochenen Sprache wird ein Passiv-
satz häufig durch eine Konstruktion im Aktiv
mit unpersönlichem on ersetzt. Der Urheber
der Handlung wird nicht genannt.
On m'a demandé de vous écrire. (Ich wurde
gebeten, Ihnen zu schreiben.)

unpersönliches Verb: le verbe impersonnel
Verb, das nur unpersönlich mit il benutzt
werden kann.
Il neige. (Es schneit.)

unregelmäßiges Verb: le verbe irrégulier
Verb, dessen Formen sich nicht durch seine
Zugehörigkeit zu einer bestimmten Infinitiv-
kategorie voraussagen lassen oder dessen
konjugierte Formen im Präsens mehr als zwei
Stämme haben. (siehe auch Verb)
venir (kommen), devoir (müssen)

unterordnende Konjunktion: la conjonction
de subordination

unverbundene Personalpronomen: les
pronoms personnels disjoints
Personalpronomen, die unabhängig vom Verb
z. B. nach einer Präposition, zur Hervorhe-
bung des Subjekts oder in der Bildung des
Imperativs verwendet werden.
Est-ce que tu viens avec moi? (Kommst du
mit mir?);
Lui, il es ingénieur. (Er ist Ingenieur.);
Donne-moi le cahier! (Gib mir das Heft!)

V

Verb: le verbe
Französische Verben können nach den
Endungen ihres Infinitivs in vier Kategorien
sortiert werden: Verben auf **-er**, auf **-ir**, auf **-re**
und auf **-oir**.
parler (reden), réfléchir (überlegen), répond-
re (antworten), pouvoir (können)

Verbes défectifs
Verb mit unvollständiger Konjugation.
pleuvoir (regnen), falloir (müssen)

Verbstamm: le radical
Basis des Verbs, an welche die jeweiligen
Flexionssuffixe angehängt werden.
arriv-ent, pens-ons, attend-s

verbundene Personalpronomen: les pro-
noms personnels conjoints
Personalpronomen, die in Abhängigkeit vom
Verb stehen. Hierbei werden Subjektprono-
men, direkte Objektpronomen und indirekte
Objektpronomen unterschieden.
Je cours. (Ich renne.); Je le vois. (Ich sehe
ihn.); Tu leur demande. (Du fragst sie.)

Vergangenheit: le passé
zeitlicher Gegenpol zur Zukunft (le futur).

Vergleichsformen ▸ Steigerung: les formes
de progression

Verneinung: Négation
im Französischen mit **ne ... pas** (nicht), **ne ...**
plus (nicht mehr), **ne ... jamais** (niemals), ...,
die das finite Verb (und seine pronominale
Ergänzung) umschließen bzw. geschlossen
vor den Infinitiv stehen. In der gesprochenen
Sprache wird häufig nur das jeweils zweite
Element verwendet (**ne** entfällt).
Je (ne) t'ai pas vu. (Ich habe dich nicht gese-
hen.); J'espère (ne) pas faire trop de fautes.
(Ich hoffe, nicht zu viele Fehler zu machen.)

Vervielfältigungszahlen: les mots multipli-
catifs
Multiplikativzahlen; geben das Mehrfache
einer Anzahl/Menge an.
double (doppelt), triple (dreifach)

Voix
Verwendungsweise eines Verbs: Aktiv oder
passiv.
demander (fragen) – être demandé (gefragt
werden)

Vokal: la voyelle
Laut, der ohne Engen- oder Verschlussbil-
dung im Rachen- und Mundraum ausgespro-
chen wird. Vokale sind stets stimmhaft.
a, e, i, o, u, y ...

Vorzeitigkeit: Antériorité
ein zeitliches Verhältnis der Handlungen
in Haupt- und Nebensatz. Dabei findet die

Handlung im Nebensatz zeitlich vor der Handlung im Hauptsatz statt.

....

W

weiblich ▶ feminin: féminin

wörtliche Rede ▶ direkte Rede: le discours direct

Wortfamilie: la famille de mots
Wörter, die alle vom selben Wortstamm abgeleitet sind.
lent *(langsam)* – ralentir *(verlangsamen)* – lenteur *(Langsamkeit)* – ralentissement *(Verlangsamung)*

Wortgruppe: le groupe de mots
aus mehreren Wörtern bestehende Sinneinheit.
sans aucun doute *(zweifellos)*, la plus belle maison du monde *(das schönste Haus der Welt)*

Wortstamm: le radical
Basisbaustein für Wörter.
lent *(langsam)*, fin *(Ende)*, chant *(Gesang)*

Wortstellung: l'ordre des mots
Anordnung der Wörter bzw. Satzglieder in einem Satz.

Worttrennung: la césure des mots
Trennung von Wörtern im Schriftlichen nach Sprecheinheiten.
ré-flé-chir *(ü-ber-le-gen)*, un é-pou-van-tail *(Vo-gel-scheu-che)*

....

Z

Zahl ▶ Numerus: le nombre

Zahladjektiv: l'adjectif numéral
Zahlwort, das ein Adjektiv ist oder adjektivisch benutzt werden kann.
la première porte *(die erste Tür)*, la seconde guerre mondiale *(der zweite Weltkrieg)*

Zahlwort ▶ Numerale: numéraux

Zeit ▶ Tempus: le temps

Zeitenfolge: la concordance des temps
Reihenfolge der Handlungen in Haupt- und Nebensatz. (siehe Vorzeitigkeit, Gleichzeitigkeit, Nachzeitigkeit)

Zitat, zitieren: la citation, citer
eine Textstelle wörtlich wiedergeben.

Zukunft: le futur
zeitlicher Gegenpol zur Vergangenheit (le passé).

zusammengesetzte Verbform: la forme composée
Verbform, die, abgesehen vom Personalpronomen, aus zwei oder mehr Wörtern besteht. Gegensatz: Einfache Verbform.
vous avez vu *(ihr habt gesehen)*, elle avait écrit *(sie hatte geschrieben)*, j'aurai terminé *(ich werde beendet haben)*

zusammengesetzte Zeit: le temps composé
Zeit, die aus Hilfsverb und Partizip/Infinitiv gebildet wird.
elles ont dormi *(sie haben geschlafen)*, nous allons revenir *(wir werden zurückkommen)*